像律師一樣思考

THINKING like a LAWYER

柯林・希爾 Colin Seale —— 著

涂瑋瑛 —— 譯

目錄

前言

我從來沒當過本月、本週甚至本日模範生。我高一時曾曠課八十次，大學時幾乎輟學兩次，但我在內華達州拉斯維加斯的一間義務教育撥款計畫[1]學校擔任全職數學教師時，是以全班第一名從法學院畢業。更令人吃驚的是，在我教過的整個八年級班裡，百分之七十四的學生在州考試中獲得「精熟」等級以上的成績，他們都成為善於提問思考的大師和擅長解決問題的人。與拉斯維加斯最富裕的地區中成績最好的學校相比，這個數字算是不相上下，甚至表現更好。本書主題為如何利用我當老師及法學院學生時所用的「像律師一樣思考」實用策略，避免未能發揮學業能力的情況。更重要的是，本書也闡述教育目的背後的一項新理念：完全激發所有學生的批判性思考潛能。

1 義務教育撥款計畫（Title I）：美國聯邦等級的教育計畫，旨在協助低收入戶家庭的學生完成初等及中等教育的學業。——編註

過去五年來，我一直在思考一個問題：為什麼我們不將批判性思考傳授給所有學生？我之所以尋找答案，並不是純粹出於好奇，而是在急切地探尋平等教育的對話中缺失的部分。當教育界的領袖討論他們面臨的幾種重要挑戰，像是停止「校園通監獄」[2]、處理長期曠課的問題、終止不同種族學生的學業表現差異等，全美的討論幾乎總是聚焦於縮小學業成就落差。不過，要是教育工作者的重心改為打破學業成就天花板，又會發生什麼事呢？

最近十年的改革試圖讓每個孩子都有機會獲得嚴謹的教育，但經過改革之後，我們依然無法讓孩子平等地擁有機會，去獲得深度學習體驗。批判性思考是深度學習的核心，但在倉促縮小學業成就落差的過程中，我們也創造出令人難以忍受的分裂局勢。一方面，批判性思考是二十一世紀的必要技能。我曾是數學老師，後來成為律師，任職於拉斯維加斯一間極負盛名的法律事務所，我因這兩種身分而擔任過內華達州科技人才培育聯盟（Nevada STEM Coalition）的董事會成員，引導商業對話去討論工作的未來走向，以及我們亟需讓每個學生具備批判性思考技能以便應對勞動力的快速變動。但另一方面，我也看到學校系統透過展示磁力學校[3]、職業技術學院、資優教育計畫、專供少數學生參加的機器人與航空課後計畫，以「證明」他們正在努力傳授批判性思考。由於絕大多數學生都無法獲得這些深度學習的機會，所以顯而易見的是，批判性思考過去曾經是一種奢侈品，而現在依然。

這就是批判性思考的教學落差，而且這種現象並不是隨機發生。在課堂上，教育工作者往往只提出低級問題，因為他們不相信批判性思考是能夠教導的技能，也不相信這項技能可以傳授給所有學生，更不相信他們自己教導批判性思考的能力。眼見為憑，所以這是一個與「如何」有關的問題：我們如何教導批判性思考？又如何傳授給所有學生？除非教育工作者是少數獲選加入菁英學術計畫的人，否則他們很少獲得「如何」教導批判性思考的指引，也缺乏相關訓練及工具。對於英語非母語的學生、學業成績落後同儕的學生，或接受特殊教育服務的學生而言，這種落差持續擴大。即使是公認天資聰穎的學生，也往往為這種落差所苦，因為教育工作者誤以為「他們不會有問題」。

---

2 校園通監獄（school-to-prison pipeline）：教育不平等、強調零容忍的紀律規範，與一系列相關的教育和公共安全政策，導致越來越多學生被拘留甚至入獄，其中家庭背景弱勢、有色人種、性少數的人又占多數。——編註

3 磁力學校（magnet school）：以學校特色與特殊設計的課程內容、教學方法，如同磁鐵一樣吸引學生前來就讀的學校。——編註

但他們確實會有問題。根據維納（J. S. Wyner）等人收集的資料，「雖然學業成就高的低收入背景學生往往能準時從高中畢業，但他們與家境較好的同齡學生相比，較有可能進入篩選較不嚴格的大學（百分之二十一相較於百分之十四）、畢業機率較低（百分之四十九相較於百分之七十七），獲得碩士學位的機率也較低（百分之二十九相較於百分之四十七）」。[1]學業成就高的低收入背景學生中，有四分之一甚至沒參加SAT或ACT考試。[2]從K－12系統[4]畢業的學生中，百分之四十到六十的人需要大學補救教學。[3]當我們將這個令人難以接受的事實也納入考量時，就會發現我們錯失數量驚人的天才。因此，結論十分明顯：批判性思考的教學落差絕對不能繼續存在。

我們需要一場批判性思考革命，而且這場革命必須務實進行。在教育研討會上，活力充沛的講者說著我們必須讓教育「徹底轉型」，但如果我們誠實坦白，必須付出多少代價才能讓教育轉型為所有學生都能平等獲得深度學習的系統，那麼我們必須承認，要是課堂上沒有密集且有意識地重視教育轉型，這項龐大的工程絕不可能成功。這就是本書出現的原因。

《像律師一樣思考》是一本指導手冊，說明如何激發所有學生的批判性思考潛能。本書也是一本實用指南，闡釋如何設計出你會希望自己的孩子參與的課堂。這不是空中樓閣的童話故事，不是只有透過大量特殊技術、昂貴的創客空間（Makerspace）和「高學業成就」的學生才能達成的事。本書是一本實用的批判性思考指南，對於所有教師領導者都適用，不管你任職的是整個學校就只有一間教室的單室學校（one-room school）、少年觀護所，還是「萬事俱足」的磁力學校。

如果沒有適度宣傳，任何革命都不可能發生。因此，本書第一部分討論的批判性思考革命（它既強力又實用），與福音傳道十分相似。這部分講述我的心路歷程，談我從學業能力不佳逐漸重獲成就，藉此確立和推廣批判性思考的真正定義（以及為什麼它這麼難教），並著重討論實際範例，以說明為何批判性思考的教學落差是教育中最重要卻無人談論的公平性議題。

本書第二部分深入探討「像律師一樣思考」的方法（簡稱thinkLaw）的本質，並提供實用指引，說明如何利用學生與生俱來的公平正義感，誘導他們釋放批判性思考潛能。本部分採用滑稽、荒謬和不可思議的真實法律案件，凸顯出我們可以使用吸引人又嚴謹的架構來培養批判性思考技能和傾向。我在解釋每一種強大的thinkLaw策

4 幼稚園（Kindergarten）、小學（一至六年級）、中學（七至九年級）、高中（十至十二年級）的統稱。——編註

略(例如多元觀點分析、錯誤分析、調查與披露)之後,都會提供適用於所有年級和多個學科領域的詳細實際應用方式。

最後,第三部分討論採用thinkLaw架構的實際影響。如果不解決現實中讓任何教學變革皆難以執行的障礙,那麼世界上所有教學策略都毫無意義。第三部分幫助教育工作者搭建批判性思考架構,以便解決這個難題,進而確保所有學生都能獲得這些嚴謹且更深度的學習體驗。本部分也包含了具體工具,協助教師仔細思考實際的課程規劃,以確保批判性思考課程不會淪為天花亂墜的紙上談兵。隨後我會質疑「學生為參與而參與」的觀念,並論證我們應該透過更有意識地關注深度學習來改善學生參與。

本部分也將這些thinkLaw策略與老師不得不全面關注的兩個問題連結起來,這兩個問題就是班級經營和學生的考試成績。此外,因為家長和家庭是學生生活中最重要的老師,所以本部分也包含非常有效的策略,讓家長在家中同樣能使用這些工具。如果我們不讓學生的家庭參與進來,為了讓學生發揮批判性思考技能和傾向,校方所需的變革就不可能實現也無法持續發展。讀完本書後,讀者將擁有必要的實用工具,能夠建立一個批判性思考不再是奢侈品的世界。歡迎來到批判性思考革命!

第一部

縮小批判性思考教學落差

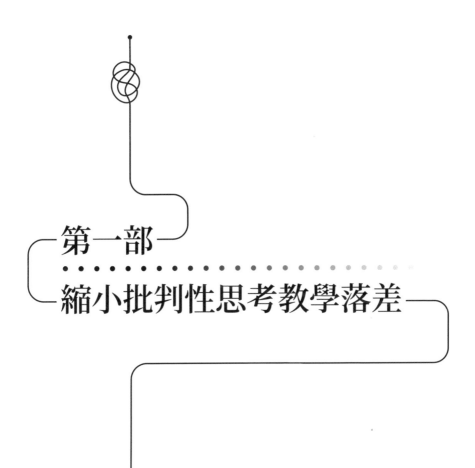

CHAPTER 1 一個學業能力不佳者重獲成就的自白

述說自己的童年故事，讓我覺得很掙扎。我在單親移民家庭中長大，父親因為毒品走私而坐牢十年。當我談起自己成長過程所面臨的挑戰時，我的故事聽起來就像那些「儘管困難重重仍獲得成功」的陳腔濫調，這種故事忽視了一個重要事實：我的成功故事（就像許多在類似環境中長大的孩子所經歷的故事），是以「因為」而非「儘管」為基礎。

我出生在十一月，但我違反出生月份規定提前入學。我母親做了所需的一切測驗，確保她不必再等一年才讓我開始上幼兒園。我不太記得我在上半天課的幼兒園裡過得怎樣，但我不是一個乖小孩。我記得很清楚，那時我非常喜歡《賣帽子》這本書[1]，喜歡到老師決定在說故事時間讀另一本書時，我會大發雷霆。比讀錯書更嚴重的唯一一項罪行，就是選擇以錯誤的方式讀《賣帽子》。如果老師拒絕以典型的歐洲口音（現在回想起來，這大概相當失禮），用特別響亮的聲音大喊：「帽子！賣帽子，一頂五十美分」，我就會衝到她面前，從她手中搶走書。

當我的父母分居，而我搬到布魯克林皇冠高地與祖母住在一起時，我的狀況明顯變得更糟。我經常惹麻煩，而我在小學低年級時惹上的麻煩很特別。例如，我和一位時常闖進我們班的科學實驗老師利夫西茲（Liftshitz）女士發生衝突（但說真的，當我的科學老師有這種名字時，我怎麼可能不惹麻煩？）。利夫西茲女士會要求我就自己的行為寫一百字的反省文。於是我想了想，在腦中算算字數，決定將「我討厭科學」寫十九遍，這樣我就剩五個字來寫「我也討厭妳」。

這些行為並非憑空出現。我在上幼兒園之前就能流暢閱讀，也已經知道很多數學知識。我坐在教室裡，幾乎天天發生同樣的事：老師教的是我已經知道的內容，所以我跟其他同學說話，然後惹上麻煩。她給我課堂作業，我用兩分鐘就完成了，然後我會跟其他同學說話，又惹上麻煩。結果她會給我更多作業，不是更難或更有挑戰性的作業，只是更多作業而已。於是，這個循環不斷發生。

那時，一位關心我的助教告訴我母親，我需要接受測驗。我媽大概以為我出了什麼問題，但其實助教是希望我進行測驗，確認我是否應該接受資優教育服務。我的學校甚至我的學區都沒有提供這些服務。這是我在K－12學校求學期間最重要的事件。

當我通過測試後進入資優教育計畫，開始在P.S.二〇八學校上學，參加該學區的艾斯卓計畫（Astral program）集中式資優班時，一切都變了。我是在學年開始後才轉到那間學校。轉學第一天，黑板上有一個詞，大概是「綠色」吧。我環顧四周，發現每個人都在白紙黑字的作文練習簿上寫字。我很困惑，問旁邊的同學：「嘿，作業單在哪裡？我們該做什麼？」他看著我，就好像我是個笨蛋。「現在是創意寫作時間。」他說：「你只要寫就對了，寫關於『綠色』的東西。」

這正是我所需要的轉變。我本來會離開座位，去找同學聊天，我本來會質疑我的老師。但是，現在幾乎每份作業都比閱讀《賣帽子》更令人興奮，因為我們正在編寫自己的童話故事並畫上插圖。我們二年級時就有數學實驗選修課，當時STEM和STEAM[5]都尚未問世。不過，即使是吸引人的課程和嚴謹的學習環境都無法遏止我獨特的惡作劇，所以我依然經常因為調皮搗蛋而被趕出課堂。

被趕出課堂的經歷讓我第一次發現教育不平等的問題。雖然我在的資優班只有二十四名學生，但學校裡其他班級有超過三十個學生。更令我震驚的是，我去過的每個

---

5 STEM教育結合了科學（Science）、科技（Technology）、工程（Engineering）以及數學（Math），STEAM則再加上藝術（Art）。——編註

班級都有至少幾個學生讓我想起自己。他們惹了很多麻煩，但作業對他們來說似乎同樣太簡單了。最讓我驚訝的是，二年級的班只有二年級學生，三年級的班只有三年級學生，但我的資優班是包含二年級和三年級學生的銜接班。我們這些資優生會搭乘校車前往這所義務教育撥款計畫學校，而在這所學校裡，教育工作者只能在每個年級找十二名學生接受這種轉型教育體驗。

對這種不平等的反思，幫助我發覺我的教育使命中有一項指導原則：才華會平均分配，但機會往往不然。這段經歷也帶給我另一項重要收穫，只是我接下來數十年都無法理解。在這個充滿二十四名非白人資優生的班級裡，其中三名學生無法從高中畢業，而我差點成為第四名。

儘管我在八年級的學業表現非常出色，但我差點成為第四名無法畢業的學生。除了體育課及午餐時間之外，我的同學和我在整個中學期間都一直待在資優教育計畫，不與其他班級有任何接觸。六年級時，我們的老師團隊在我們身上察覺到某種特質，於是做出史無前例的決定，讓我們在七年級開始學習相當於紐約市學校代數一程度的課程。當我即將參加八年級升級典禮時，我的數學和英語學習進度已經超前兩倍，法語也拿到高中學分，並加入全美榮譽學生會（National Honor Society）。然後，突然之間，我不再在乎這些了。

我得了「我不在乎」症候群。從我的中學畢業的學生裡，只有我就讀著名的布朗克斯科學高中（Bronx High School of Science），而我不太願意花單程九十分鐘的時間從布魯克林到布朗克斯。我念的小學和中學幾乎全是黑人，而這間高中非白人和非亞裔學生占學生人數的比例遠低於百分之十五，我非常不喜歡這種轉變。

我持續幾個月都不交作業，出於某種原因，沒人對這種行為提出任何意見。在這間校友包括八位諾貝爾獎得主、六位普立茲獎得主和尼爾．德格拉斯．泰森（Neil deGrasse Tyson）的高中裡，我就是個非裔美國男性懶惰蟲。此外，因為我決定不參加在午餐時間進行的課程，而選擇每天都去吃午餐，所以我一年曠課超過八十次，大部分課程不是被當就是勉強及格。沒人管我。

事實上，這所學校的課業很難，卻不像我的小學和中學課業那樣吸引人。後者帶來的挑戰激發了我對一切事物的好奇心；反之，前者感覺就是一所為難而難的學校。在九年級的全球研究課程中，我們必須觀看《甘地》（*Gandhi*），然後在一張作業單上回答一大堆問題。我媽從圖書館借了一套兩捲錄影帶，我看著影片，努力思考為什麼老師會希望我從寶貴的青少年週末抽出時間，觀看這部時長三小時十一分鐘的電影，敘述的主角還是一個我從小學就知道的傢伙。這種作業就是我完全不想做的類型，而這所「很難」的學校卻一直要求我做這種作業。

有一位成年人不願意任由我浪費自己的潛能，幫助我擺脫了學業能力不佳的消沉處境。輔導員賽門（Simon）女士將我拉進辦公室。我之前一直覺得她只是一個刻薄的女士，因為她看起來就像下輩子會當《法網遊龍》（*Law & Order*）的冷漠警探一樣。但賽門女士讓我知道她其實很關心我，她拿出我以前的中學紀錄，告訴我她相信我比現在表現的更有潛力。她並沒有責備我翹課或嚴厲處罰我，而是讓我選擇每堂課都隨身攜帶一張簽到表，這是一種自主問責式方法，能幫助我克服翹課問題。賽門女士努力讓我不會淪為另一個浪費潛能的悲劇，她把這件事當成自己的責任。

為了如期畢業，我必須在高三結束時參加暑期學校。因為我的學校正在施工，所以我最後就讀於布朗克斯科學高中附近的德威特．柯林頓高中（Dewitt Clinton High School）。我在那裡又一次覺醒。由於我之前不願放棄每一次午餐時間，因此我必須在那年夏天修習藝術，所以我與一整班該學年度藝術課也被當掉的柯林頓高中學生一起上課。不過，奇怪的事情發生了。當老師發現我就讀布朗克斯科學高中時，她大聲說：「你一定非常非常聰明。」她完全不知道我的困境，所以即使我在藝術的表現通常很糟，我也覺得自己必須繼續表演下去。我們要用一塊肥皂製作一件雕塑，我記得自己花了一整個週末（是我觀賞《甘地》所花時間的三倍）設計一件精巧的日出雕塑，讓老師大吃一驚。她令我想起信念的力量：因為她毫不猶疑地相信我可以表現出色，所以我也相信了。

在此之後，我繼續表演，直到我似乎不再需要表演了。我已經了解如何玩這場遊戲，然後開始投入。我的成績突飛猛進，我獲得參加大學先修課程的資格，也開始喜歡上布朗克斯科學高中學生這個身分。我決定主修電腦科學，對於在二〇〇〇年網際網路泡沫頂峰時期畢業的人而言，這是十分合理的決定。

我一輩子都沒寫過程式碼，但這不重要。我完全不知道自己是否喜歡電腦科學，但這也不重要。身為我的家族在美國土生土長的第一代，如果我能順利畢業，並在微軟找到一份好工作，就能讓我媽大肆吹噓。我可能是受到尼爾・德格拉斯・泰森的激勵，他在我們的畢業典禮上提出一個有趣的數學類比，透過解釋比爾・蓋茲的富有程度，幫助我們了解他非常高興能身處「電腦怪咖的時代」。泰森解釋，考慮到他當時的身分和薪水，如果他走在街上時看到一美分硬幣，會直接忽視。他或許也會忽視一枚五美分硬幣。如果是一枚十美分硬幣，他會考慮一下，但他絕對會把一枚二十五美分硬幣放進口袋。如果使用相同的分析單位，那麼比爾．蓋茲停下來撿起一萬美元是不合理的行為。換句話說，該是我加入電腦科學界，得到薪水的時候了！

不過，我成為科技巨擘、過著億萬富翁生活的夢想，在我去電腦教室上課的第一天就暫時擱置了。看來只有少數幾名學生在決定主修電腦科學之前完全沒有編碼經驗，而我就是其中之一。因此，在我搞清楚怎麼啟動電腦之前，已經有至少十個同學完成實驗，出去時還笑著說這項作業很簡單。我低頭看著我的作業，盯著空白的電腦螢幕，當我搔頭好幾次，努力了解看起來如同象形文字的編碼時，幾乎所有學生都已經離開實驗室。我開始感到非常灰心，因為我很聰明，不是嗎？藝術老師這麼說，我的家人這麼說，小時候也有很多老師這麼跟我說。如果我這麼聰明，為什麼我做不到呢？或許我其實根本就不聰明？當我在腦海中結束這段對話時，研究生助理走過來問我是否已經完成作業。那時我才發覺，教室裡只剩我們兩人。我看了看我完全不懂的作業，又看了看空白的電腦螢幕，然後說：「是的，我完成了。」那一刻我幾乎要從大學退學。

我在回宿舍的路上哭了。當我回到房間時，我立刻打電話給我媽，哭著說我需要有人過來載我回家，因為我不知道自己在做什麼。回想當年，我不記得那時我希望我媽說什麼來回應我了。小時候，每次我參加州數學評估，PR都是99，直到六年級時，我的PR是95，我媽問我：「另外四分呢？」我媽確實不是這類談話的最佳人選，但我只能找她。不過這一次，我媽展現了她內心的卡蘿．杜維克，並提醒我：我的成功與聰明沒什麼關係，而是與堅持不懈更有關係。她告訴我：「你一直都能把事情搞清楚，現在你只需要搞清楚這件事就好。我要回去工作了。」於是她回去工作了，我也一樣。我每週至少會在課業諮詢時間去拜訪教授一次，努力解決我不理解的問題。我覺得期末作業很無聊，所以我設計一個程式，融入我對音樂的熱愛。這個程式會根據一首歌的音符，輸出音樂家能演奏的和弦音符。在這門原本幾乎讓我退學的課程上，我拿到了A的成績。

除了這些經歷以外，我最後還成為雪城大學（Syracuse University）的學生會主席，也是該校有史以來第一場非裔美國人學生畢業典禮的主講人，而且我獲得麥斯威爾公民與公共事務學院（Maxwell School of Citizenship and Public Affairs，美國頂尖的公共行政學程）提前錄取，並享有學費全免待遇和完成學位的費用津貼。我後來成為致力縮小落差的數學教育工作者、兒童福利改革家，並在美國極負盛名的企業法律事務所擔任律師並屢獲獎項，之後我建立了一個在美國各地引起轟動的革命性教育組織。當你讀完這些，很容易把我的經歷歸類為一種特定類型的勝利，那就是：「儘管」障礙重重仍獲得成功的勝利。

然而，我的故事就跟許多其他克服障礙的學生一樣，真正重要的是「因為」。因為我的母親身為單親媽媽，必須節儉度日、改善受限的處境，並盡可能利用資源、人力和體制來撫養兩個孩子，所以我覺得自己擁有無限的可能性。「因為，不是儘管」是教育工作者檢視潛能和表現之間落差的有用透鏡。英語非母語的學生擁有巨大的競爭優勢，能獲得卓越的學業表現，「因為」他們花很多時間進行思考，並跨越多種語言和文化（而不是「儘管」他們的母語不是英語）。學習困難的人擁有獲得優異學業成就的基礎，「因為」他們勤勞努力，而且他們在學習上遇到的困難，迫使他們成為學會如何學習的專家（而不是「儘管」他們學習困難）。創造一個批判性思考不再是奢侈品的世界，需要教育工作者覺察所有學生與生俱來的批判性思考潛能。

我大器晚成，我的心路歷程創造出一種透鏡，我希望教育工作者能在這段歷程中，利用這種透鏡看待世界，以便縮小批判性思考能力的落差。如果教育工作者不先相信所有學生都能表現出色，那麼世界上所有的批判性思考訣竅和策略都毫無意義。即使教育工作者抱持良好信念，也必須更進一步，將這種信念視為自己的職責，才能確保我們不再有這麼多浪費潛能的悲劇。我們不能再繼續錯失天才了。

CHAPTER 2

為批判性思考下定義

什麼是批判性思考？當我在美國各地巡迴為教育工作者進行thinkLaw培訓時，總是會問這個問題。各位老師作答時，也必定在開頭就說批判性思考就是具備展示各種技能的「能力」或「能夠」展示各種技能。最常見的答案包括：跳出框架思考、彙整資訊、使用證據支持主張、從多元觀點分析問題。

我也曾向美國各地的數千名學生提出這個問題。孩子不愧是孩子，他們通常會給出很有意思的答案：「批判性思考就是以批判的方式思考。」有時，學生會說，當你在思考怎麼批判他人時，用的就是批判性思考。不過，有一個學生的回答最為突出：「批判性思考是老師從來不讓我們在學校做的事。」

教育工作者經常將批判性思考視為只有最優秀的學生才能掌握的一組技能。這位學生的評論令我想起羅梅爾（Romel），他是我在執教生涯中見過最聰明的年輕人，他很擅長解決問題，而且想法超級有創意。但問題來了：羅梅爾不是我班上的學生，他的問題也與數學或科學無關，羅梅爾是我在法學院少年司法機構的客戶，他在十八歲生日前一個月時，在一次毒品搜查行動中遭到逮捕，他的問題是要想辦法避免移送成年法庭處理。羅梅爾擁有無庸置疑的批判性思考技能，他每天都是依靠這些技能才生存下來。不過，批判性思考不只需要技能而已，學生也需要養成在生活、學業、職業生涯中持續運用批判性思考技能的心態和習慣。我們針對批判性思考提出可行的定義時，這些批判性思考傾向（見圖一）往往是其中缺失的部分。所有教育工作者都對這一點非常熟悉，因為我們都教過某個特別的學生，他確實很聰明，卻經常會做出一些十分愚蠢的事。知道得更清楚與做得更好並不一樣，而這兩者之間的差異通常可以用批判性思考技能和傾向之間的落差來解釋。

批判性思考的可行定義又更加複雜，因為即使學生具備所需的技能和傾向，批判性思考也往往非常容易受到環境影響。你是不是常常見到數學成績出色的學生幾乎不願意在寫作上付出任何努力（或根本不願意）？熱愛美術的學生能花幾小時觀察和分析一幅畫，但如果要求他們在科學課使用類似的觀察技巧研究化學反應的發生原因，為什麼他們常常會立刻無法思考？未來學家艾文．托佛勒（Alvin Toffler）指出：「二十

圖一｜跨領域應用批判性思考技能和傾向

什麼是批判性思考？

技能		傾向
論理 推斷 解讀 分析 後設認知	和	求知 求真 自信 成熟 跨領域應用

一世紀的文盲不是無法讀寫的人，而是無法學習、拋棄舊習和再次學習的人。」[1]教育工作者必須採用跨領域的方式教導批判性思考技能和傾向（見圖一）。

「學會如何學習」並不代表學生只需要表面層次的知識，也不代表完全不需要死記硬背。如果你認為四年級學生不需要完全掌握乘法運算，仍然能培養理解指數所需的數感，那麼這種想法非常不合理。如果不了解《紅字》（*The Scarlet Letter*）的歷史背景，也不參照從前對婦女的類似起訴，例如塞勒姆女巫審判事件，那麼想要分析這本小說的主題也同樣困難。因此，教育工作者的目標必須是幫助學生具備所需的導航和探查工具，以便學會如何學習，並將所學應用在各個學科。

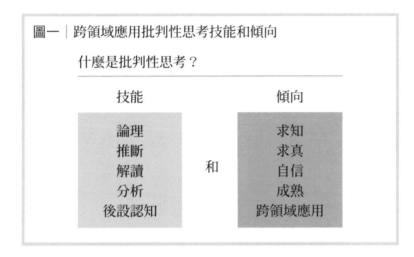

以批判性方式思考某個主題時，需要什麼程度的學科內容知識？關於這個問題的爭論日益激烈，而其中的關鍵考量之一，就是跨領域運用批判性思考。因此，求知及成熟的傾向變得格外重要。最有智慧的學者具備了解未知事物的意識，和徹底調查問題以深入運用學科內容知識的求真衝動。

最後我想提一件和前述內容同樣重要的事：學生必須有值得進行批判性思考的目標。為了強調這一點，我想回顧一下二〇一九年八月三日星期六。這一天，我跟其他許多人一樣，花了幾小時關注德州艾爾帕索（El Paso）發生的本土恐怖攻擊行為。[6] 我閉上眼，想像我和我的兩個小孩在沃爾瑪超市進行返校購物。我想到我必須多次拒絕女兒，因為她會利用最好的談判策略說服我買東西，那些東西比她的返校物品清單上的某些物品更沒必要。我微笑著想，對我們而言，購買最基本的物品會變成一趟漫長的冒險，我們會隨意探索走道、遇到認識的人，並讓爸爸有更多說「不」的機會。但後來我又想到，因為這次本土恐怖份子的行為，許多目擊者、受害者及其家屬都感到深深的恐懼。

當我為死者默哀、親吻我的孩子，並捐款給艾爾帕索社區基金會來幫助受害者及其家屬之後，我終於想到我還能做什麼。我擁有一項特權，就是每年都能與數以萬計的教育工作者談話。因此，我決定利用這項特權坦白我工作的缺點，希望教育工作者也能接受以下事實：光是能夠批判性思考，並不足夠。

大家對批判性思考的限制並不陌生。馬丁．路德．金恩博士（Martin Luther King, Jr.）就讀莫爾豪斯學院（Morehouse College）時，曾明確指出只注重追求學術表現的教育會導致的問題：「最危險的罪犯可能是擁有理性但缺乏道德的人。」[2]在這句話之後，他又寫下更著名的一句話：「智慧加上品格——這才是教育的真諦。」我們讀這幾句話時很容易得出結論：批判性思考缺乏對品格教育的強烈關注；不過，金恩的論點涵蓋得更廣。

金恩進一步解釋：「完整教育不僅提供人們專注的力量，也提供值得專注的目標。」[3]如果我們只給予學生分析世界的工具，那麼教育並不完整。唯有讓學生擁有工具，能去質疑世界的應有面貌，教育才會完整。唯有我們拒絕「保持客觀」的迷思，拒絕教育工作者不該有政治傾向的迷思，教育才會完整。教育本質上就帶有政治性。

6 指艾爾帕索槍擊事件。兇手在沃爾瑪超市持槍掃射，最終造成二十三人死亡及二十多人受傷。艾爾帕索鄰近美墨邊境，有許多墨西哥裔及拉丁美洲裔移民；從兇手犯案前曾在網路發表的言論及偵訊時的供稱，可知這起案件是白人至上主義者反移民的種族歧視暴行。——編註在重要時刻，沉默也能傳達訊息。學生能清晰聽到這種沉默。

我並不是提倡老師應該向學生灌輸自己的思想。不過，我必須老實承認，thinkLaw批判性思考架構是有侷限的。在這套架構中，我們要求學生提出由有效且相關的證據所支持的主張、從多元觀點分析議題、權衡後果，並根據分析結果做出結論。但事實上，並非每個議題都需要這麼細緻的處理。

我們知道一加一等於二，因為事實就是這樣。一加一不等於三，因為事實不是這樣。白人至上主義是錯的，因為事實就是這樣。因為身分、出生地或膚色而仇恨他人是錯的，因為事實就是這樣。面對仇恨和無知時保持沉默是錯的，因為事實就是這樣。艾爾帕索槍擊事件發生前不到兩年，當維吉尼亞州夏綠蒂鎮（Charlottesville）的團結右翼集會引發悲劇時[7]，我呼籲教育工作者採取行動，並說明我們亟需對這場悲劇採取應對措施，但我呼籲的應對措施不僅是「思念和祈禱」而已。

金恩認為「道德宇宙的弧線雖漫長，但最終會趨向公義」[4]，這不只是一句禱詞而已。如果沒有直接行動，這道弧線就不會彎曲。因此，我們需要採取直接行動，確保仇恨、無知、暴力永遠不會成為「值得專注的目標」。

於是，當我在本書中不斷討論批判性思考時，我知道從現在開始，我的一部分職責是堅持一項主張：縮小批判性思考的能力落差已經不足以滿足需求。我當然希望確保不是只有一流學校的菁英學生才能擁有這項在二十一世紀非常有用的技能，不過，我也需要澄清一件事：如果不明確地把重點擺在使用批判性思考來消除仇恨和無知，那麼光是能夠批判性思考，也是不夠的（見圖二）。

我們的學生不能只是有正確的知識，也必須做正確的事，這種觀念是二十一世紀批判性思考的重要一環。舉例來說，尼爾・德格拉斯・泰森可說是當代最重要的科學知識分子。我這樣說有點偏心，因為他不只是布朗克斯科學高中的校友，也是我畢業典禮上的講者。他的《宇宙大探索》（*Cosmos*）影集和《宇宙必修課：給大忙人的天文物理學入門攻略》（*Astrophysics for People in a Hurry*）等著作都大獲成功，他不僅極具天賦，更重要的是他能夠巧妙地向大眾介紹複雜主題。

然而，令我震驚的是，艾爾帕索槍擊事件後隔天，也就是俄亥俄州代頓（Dayton）發生另一起大規模槍擊事件後幾小時，他在推特發表以下言論[5]：

7　二〇一七年八月十二日舉行的團結右翼集會糾集了許多白人至上主義團體，包括新納粹主義者、三K黨和極右派團體。反示威人士也集結在場抗議這次集會，雙方的衝突最終演變成暴力事件，一位示威支持者駕車衝撞反示威人群，造成多人傷亡。——編註過去四十八小時內，美國有三十四人因大規模槍擊事件慘死。

平均而言，每四十八小時內，我們也有……

五百人因醫療疏失而死

三百人因流感而死

兩百五十人因自殺而死

兩百人因車禍而死

四十人因槍殺案而死

我們的情緒對浩大場面的反應往往比對資料的反應更大。

如果我們提取這些數字和研究這些資料，那麼泰森似乎說得「對」。然而，在舉國哀悼的時刻，理論上正確很重要嗎？每四十八小時有五百人因醫療疏失而意外死亡的事實是正確的，但這些隨機錯誤應該與本土恐怖攻擊相互比較嗎？當一群人全然無辜地進行司空見慣的返校購物，卻因為自己的身分而遭到獵殺，所謂安全的本質就粉碎了。比起有正確的知識，做正確的事更重要，而這種差異事關重大。

這種差異還有一個沒那麼嚴重的例子，是幾個月前我在晚餐後洗碗時發生的。當

圖二｜跨領域應用批判性思考技能和傾向，並形成「做正確的事比有正確的知識更重要」這一觀念的架構

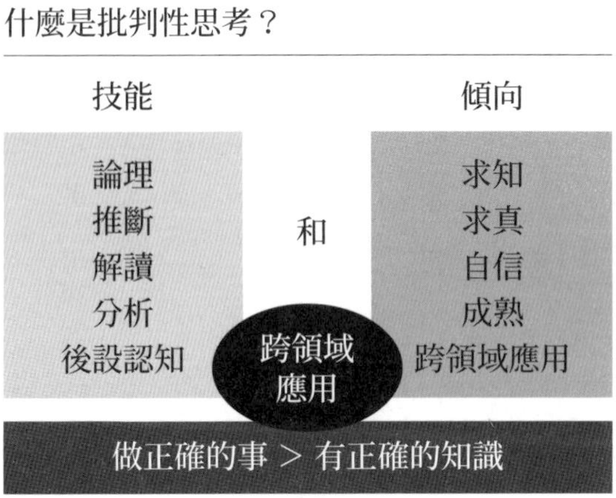

時我聰慧的女兒正在寫一份清單（她會為所有事列清單），然後我打斷她，請她遞給我一個杯子。

以下是我們的對話：

我：請遞給我一個杯子，可以嗎？

女兒：杯子？我沒看到杯子啊。

我：妳面前就有一個杯子。把杯子遞給我，我才能放進洗碗機。

女兒：爸爸，這裡沒有杯子，不過我看到一個玻璃杯。

老實說，我當時大發雷霆。我最不希望發生的事，就是我聰慧的女兒變成那種討厭的人，他們明明知道對方在說什麼，卻因為一些小小的細節故意裝傻。我那時明確告誡，如果有人讓別人覺得自己很愚蠢，那麼沒有人會想跟他當朋友。故意刁難把喝水用具稱為「杯子」而非「玻璃杯」的人，是不能接受的行為。做正確的事（亦即遞給對方杯子、玻璃杯、高腳杯、平底杯等）比有正確的知識更重要。

批判性思考的這個要素經常遭到忽略。大眾的反智主義情緒如此強烈是有原因的。如果掌握知識及能力的人是混蛋，那麼世界上所有知識和解決問題的能力都沒有意義。因此，我對批判性思考的擴展定義包括：知道擁有正確的知識和做正確的事之間有什麼差異、表達不同意見但不令人討厭，以及在一般情況下不當混蛋。

總而言之，我們對批判性思考的可行定義有四個要素。批判性思考是：

1. 我們需要的技能組合和傾向
2. 學會我們需要學習的東西
3. 解決跨領域問題
4. 基本精神是做正確的事而非只擁有正確的知識

CHAPTER 3

批判性思考的教學落差

我開始對美國各地的教育工作者進行培訓，介紹強效且實用的批判性思考策略之後，最初幾年一直聽到類似的反對意見。不論我進行培訓的地點是大型或小型學校系統，是都市、鄉村或郊區，是富裕或高度貧困社區，都會聽到類似意見。我不斷聽到的反對意見與學生及其批判性思考能力有關，是一個「不能、不用、不會」的問題：「學生不能批判性思考，他們不用批判性思考。而且即使我這樣忙碌的教育工作者，用掉自己寶貴的時間設計課程來激發他們的批判性思考潛能，他們也不會批判性思考。」

這種心態凸顯出一種不言自明的共識，就是誰可以獲得批判性思考指導。對於在最「菁英」學校教導最「菁英」學生的教育工作者，批判性思考往往顯得很正常。這就是批判性思考落差。這種落差說明，我們傾向將學習批判性思考的權利侷限在使用嚴謹方針教學的學院學生，或是參加大學先修課程、國際文憑課程、資優教育計畫或榮譽班級的學生。然而，能以接受有意義的批判性思考指導為榮的時代早已過去了。

假設我們現在是即將上大學的十二年級學生。五年後，這些學生將成為勞動人口的一員，到時正在蓬勃發展的產業目前還不存在。與此同時，目前正在蓬勃發展的產業也可能在五年後完全消失。簡單來說，教育工作者不能繼續將批判性思考視為奢侈品，何況它已經成為二十一世紀的重要能力，所以這種態度更不可取。

明確來說，這不僅跟工作的未來有關。教育的價值遠遠超出培養勞動力。如果我們將教育視為確保公民社會積極參與的途徑之一，那麼要是沒有批判性思考，我們怎麼達成這個目標呢？光是龐大的資訊量，加上許多不可靠的線上資源，都讓確定真相的過程充滿挑戰。此外，社群媒體演算法往往讓我們身邊充斥更多我們同意的觀點，使我們不太願意了解不同觀點。我們已經習慣生活在一個將討論政治或宗教視為失禮的世界。於是，我們似乎完全無法以互相尊重的態度討論政治或宗教了。

在K－12教育體系中，批判性思考落差是一項重要且迫切的問題。儘管非教育工作者普遍認為，老師只是提供「應試教育」，但如果不會批判性思考，就不可能在幾乎每一場全州範圍的數學和英語文高階考試獲得優秀成績。從前的問題只測試執行具體任務（例如解出方程式）的技能和能力，學生也只需要選擇簡單的填空答案，但這樣的日子早已一去不復返。如今的問題更複雜，作答時需要多個步驟、推論、預測，並謹慎判斷哪個可能的答案最好，而且這些問題有各種獨特形式。

不過，雖然標準化考試對於學校績效責任已經變得相當重要，但當我與超過三百位教育工作者談話，了解批判性思考落差對他們的影響時，他們卻很少提到標準化考試。他們提到的是什麼？有一所學校擁有許多學業成就優異的學生，最後有十名畢業生代表在畢業典禮上致詞，原因是這些最優秀的學生一直為誰應該獲得這項榮譽而爭吵不休。比起學習過程本身，學生更關心分數和排名。

說到吵架，有幾位在中學任職的教育工作者提到，學生爭執惡化成鬥毆的速度比以往更快，年輕女孩尤其如此。事實上，有一次我在一位校長的辦公室裡，當時她正在審查 thinkLaw 課程，一面對我表達她的興奮之情，因為從多元觀點分析案例能幫助學生提升解決衝突的技能。就在那一刻，我聽到一連串髒話，接著是尖叫聲，然後這位校長就衝出辦公室。有兩個女孩就在校長室門外吵架。學生很難以不令人討厭的方法表達不同意見，因而對學校文化造成破壞性影響。

批判性思考落差的影響顯然比學業更大。與此同時，批判性思考落差也比我們以為的更嚴重，即使在資優教育計畫中也是如此。首先，在資優教育中，非裔美國人、拉丁裔、英語非母語者和低收入學生群體的代表名額不足，其中存在嚴重的公平問題。然而，即使我們找到平等的鑑別做法，美國各地仍有太多資優教育計畫只擁其名而不具實質，這些課程往往每週只讓學生離開原本班級一兩次去接受小學資優教育服務。這種做法忽視「資優生一整天都是資優」的事實，也讓一般教育的老師養成「與我無關」的心態。

在中學階段，為資優生提供的教育服務又更短暫。儘管大眾已經意識到，資優生的學業成就不一定高超，但絕大多數為資優生提供的中學教育服務都與進度超前或難度加深的課程作業有關。據估計，有百分之五的資優生從高中輟學[1]，學業成就高但低收入背景的學生有四分之一甚至沒有申請大學[2]。我們為最優秀、最聰明的學生提供的教育根本沒有效果。

這種失靈體制所帶來的影響，對於學業成就高但低收入背景的學生的傷害最大。這些學生或許能準時從高中畢業，卻不太可能就讀優質大學、從任何大學畢業，或是獲得研究生學位。[3]這項問題不是只侷限在能力最優秀的學生而已。在一項關注潛能和表現之間落差的研究中，百分之八十八的受訪高中輟學生在上學期間的成績及格，卻因為無聊而輟學。[4]如果我們的教育體系沒有幫助我們認為最優秀最聰明的學生激發全部潛能，這對其他學生又意味著什麼呢？

我可以繼續提出更多數字，不過，光是數字無法完整說明批判性思考落差的負面影響，要用故事才行。我經常想起我參訪過的一處六年級課堂，當時有超過半數的學生正在看書，因為他們已經寫完作業了。我很快注意到，這間教室裡的學生的母語都不是英語，老師本人幼時也有同樣經驗。不過，當我查看學生的學習單時，卻驚訝地發現他們的學習內容是在動詞結尾加上「ing」。這是一個六年級班，但這張學習單底部卻寫著源自三年級課本。我詢問老師為什麼學生六年級了卻在做三年級的作業，結果她告訴我，他們「程度很低」，「無法應付」六年級的作業。

我曾見過學校的領導階層決定不該再採取這類不期不待的態度，這些學校主管經常全面施行嚴謹的數學和英語文課程，以確保學生接受具有挑戰、符合年級程度的作業。有一位主管曾投資昂貴的課程資源、密集訓練和專業發展，讓老師能成功利用這套課程。她很高興學校來了一位新老師，這位老師原本在附近另一所學校任教，而且教學成果十分優異，該校學生主要來自郊區的中上階級家庭，而在這位主管的學校，學生主要來自都市的高度貧困家庭。她投資的這套課程理論上會用到嚴謹和批判性思考。在我觀摩的一堂課上，學生必須分析兩篇課文：一篇講述交通號誌燈的歷史，另一篇則探討社區建立穀倉的歷史。然後他們必須彙整這兩篇課文，解釋這兩種做法如何促進社區發展。但問題來了：這位新老師在有關交通號誌燈的課文上畫了一個大大的叉。這位老師表示，這些學生「幾乎沒有閱讀能力」，而且「他們的寫作能力又更糟」，所以「不可能」按照課程設計要求他們做作業。

確實如此。如果老師堅決不讓學生有機會學習批判性思考，我們還真的不可能期待學生擁有這項二十一世紀必備的能力。教改組織「新教師計畫」（TNTP）發表過一篇名為〈機會神話〉（The Opportunity Myth）的報告，內容頗具開創性，根據報告，類似上述案例的故事往往會變成通則，而不是例外。[5]他們的結論是，低收入背景的學生能成功完成教師要求事項的百分之七十一，但他們做的作業只有百分之十七符合年級程度。由於批判性思考落差，學生即使每天都來學校，並完成他們應該做的事項，也無法為未來需求做好準備。

批判性思考落差絕對不是難以克服的障礙，因為這是期望的落差，而不是潛能的落差。事實上，低收入背景的學生、語言背景多元的學生和來自弱勢族群的學生，往往天生就擁有巨大的批判性思考潛能。有些人將這種天賦稱為「街頭智慧」，但我拒絕使用這種分類。街頭智慧就是「智慧」的表現。如果我們無法把街頭智慧所運用的那一套解決問題的實用策略轉化為學業表現上的「讀書智慧」，那麼這是大人的問題，不是孩子的問題。

在學校之外的環境，擁有街頭智慧的孩子經常是被迫想辦法生活的年輕人。這些母語非英語的學生在學校似乎對分析非小說文本不感興趣，但在家必須幫助家人用英語完成複雜的文書工作。這些學生沒有花時間分析自己寫出的報告中引用資料的可信度，但他們卻是評估真人可信度的專家，他們經常依賴這項技能才可以安全地四處活動。如果我們的目標是在孩子腦中建造一座名為批判性思考的堅實房屋，那麼地基和架構其實已經在我們眼前，我們只需要開始建造就好。

我們的問題太難，我們的需求太多，忽視這些學生的風險太高。用「不能、不用、不會」的理由來解釋大家不解決批判性思考落差的現象，是完全站不住腳的藉口。有人認為「現在的小孩」就是無法批判性思考，這種想法忽視一項事實：我們該對這些孩子負責。反之，「現在的大人」必須努力改變觀念，不再將批判性思考視為奢侈品。為所有學生縮小批判性思考落差，是讓所有學生在二十一世紀獲得機會的唯一希望。

如果我有一根魔杖，美國各地的學校系統會發覺，想要縮小難以撼動的學業成就差距，就應該利用資優教育策略和教學實踐，以造福所有學生，這是非常實際的方法。這種概念在男子大學籃球界有一個很重要的例子。加州大學洛杉磯分校有身高二一八公分的中鋒卡里姆・阿布都－賈霸（Kareem Abdul-Jabbar，當時名為路・艾爾辛多〔Lew Alcindor〕）和其他極具天賦的球員，敵隊無法防守他們的灌籃，所以美國國家大學體育協會（National Collegiate Athletics Association）決定從一九六七年至一九七七年禁止灌籃。為了使球場上的競爭更激烈而人為限制這些球員的能力，以及教學時普遍偏重中階程度學生，結果必然造成高潛力和高能力學生無法獲得合乎程度的挑戰，這兩種情況之間並沒有太大差別。有些人以公平之名提倡取消資優教育計畫、磁力學校和其他選擇性教育計畫，他們的潛在動機就與灌籃禁令十分相似。

不過，大學籃球界撤銷灌籃禁令後不到十年，身高一七〇公分的斯普德・韋伯（Spud Webb）就在美國國家籃球協會（National Basketball Association）的灌籃大賽中擊敗身高二〇三公分的隊友，亦即綽號「人類影片精華影片」的多米尼克・威金斯（Dominique Wilkins），而韋伯的手甚至還不夠大，無法單手抓住籃球。二十年後，韋伯訓練身高一七五公分的奈特・羅賓森（Nate Robinson）在灌籃大賽獲勝，而且羅賓森在五年內奪得冠軍三次！

我分享這則軼事，是因為大家經常能發覺，為英語非母語和接受特殊教育服務的學生提供策略鷹架（strategic scaffold），對所有學生都有益幫助。然而，許多人往往不知道，為資優生進行差異化教學也有類似效果。有鑑於此，一些希望為所有學生增加嚴謹學習機會的學校，會要求所有老師取得資優教育認證並為此付費。教育平等不能只注重縮小學業成就落差，也必須注重打破學業成就天花板。確保我們激發所有學生的全部潛能，包括資優生和學業成就最高的學生，正是縮小批判性思考落差的關鍵策略之一。

第二部

像律師一樣思考

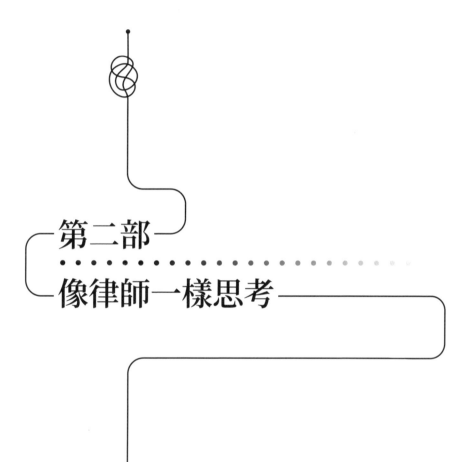

CHAPTER 4

批判性思考革命

我在華盛頓特區教書，並在兒童福利系統工作之後，接著回到內華達州的拉斯維加斯擔任老師。當時我很高興能在該市最難教的其中一間學校任教，重溫教導初中和高中數學的熱鬧生活。安德烈．阿格西大學預備學校（Andre Agassi College Preparatory Academy，通常簡稱 Agassi Prep）是一處充滿挑戰的工作場所。朋友警告我，我不會得到大量行政支援，這個警告很有道理。我第一次見到老師在中午離職。我在那裡開始工作後的六個月內，老師的流動速度非常快，我幾乎記不得某些同事的姓名，因為他們來來去去，很少留下來。學生對這種忙亂的環境也產生相應的反應，許多學生最終在學業上苦苦掙扎，因為每年一直更換老師，對學生的學業成就來說可不是什麼好預兆。學校缺乏穩定結構也往往會影響學生行為。即使沒有這些外在問題，常見的貧困問題也對學習造成非常現實的阻礙。

儘管在安德烈·阿格西大學預備學校教書本來就充滿挑戰，但我自己又讓這份工作變得更加困難。我做了一個值得懷疑的人生決定，就是夜間去法學院上課，成為內華達大學拉斯維加斯分校威廉博伊德法學院（William S. Boyd School of Law）的在職生。不過，就讀法學院並沒有阻礙我的教師生涯，反而為我打下基礎，讓我最終從「好」老師變成志在縮小教育落差的教育工作者。這種轉變始於我最初決定就讀法學院的想法。

你覺得法學院學生在法學院學什麼？如果你認為答案是「法律」，那就跟我申請法學院時的想法一模一樣。但事實並非如此。結果證明，有太多法律一直在改變，所以讓學生坐在教室裡背誦不同法條根本沒有意義。反之，法學院的學習重點是像律師一樣思考。這個概念起初看起來很奇怪，直到後來，我開始想起我認識的一些律師。

如果你碰巧有朋友、家人或同事是律師，你可能就會知道，律師真的非常惱人，回答問題時尤其如此。假如你遇到某個麻煩，例如家事法問題、雇用問題，或有朋友遇到移民問題，於是你向律師朋友尋求一些簡單建議（畢竟他們懂法律），他們會這樣回答：

- 「這個嘛，這取決於……一方面……但另一方面……」

- 「我需要知道更多相關資訊……」
- 「兩種情況都可能發生，因為……」

你馬上就會後悔問他們了。

如果更深入探討這股趨勢，你會發現，美國二十五位前總統和三十五位開國元勛、印度聖雄甘地及南非前總統納爾遜．曼德拉都曾是律師，這可能背後有個原因。當人們接受像律師一樣思考的訓練時，就會忍不住從多個角度思考問題和解決方法。他們習慣問問題，直到獲得需要的資訊為止。他們也會提出不同主張，並找到辦法以有效且相關的證據支持這些主張，這種做法幾乎成為他們的本能。

我在安德烈．阿格西大學預備學校教導中學和高中數學時，察覺了「像律師一樣思考」的意義。當時我恍然大悟：這正是學生需要的批判性思考技能、習慣和心態。為什麼要等到法學院才採用這種強大的架構呢？這種架構與商學院使用的架構相同，也與蘇格拉底在許久之前就創造的方法相同。學生不應該等到法學院才學習這種強大的批判性思考模式。

我用更生動的方式說明吧。身為法學院學生，我修了契約法、憲法、刑法、民事訴訟程序、聯邦所得稅、離婚調解、家事法，以及遺囑、信託和遺產等課程。在這些不同脈絡中，法學院的教授要求我經常應用一套嚴謹且認真的探查做法。這套做法與死記硬背毫無關聯。事實上，大多數教授都允許學生攜帶任何物品參加期末考，從一頁大綱到整套筆記和課本都在允許範圍內。

對法律有充分理解的學生會得到C的成績；了解如何將特定情境中的事實應用到法律上的學生會得到B；法學院學生鮮少能得到令人夢寐以求的A，唯一的方法就是以超級有創意的方式將事實應用到法律上。想要得到A，我必須考慮到同學根本沒有考慮的角度（大家都在同一條強制性成績曲線[8]上），在把論證提升到超脫當前討論的議題之上時，我必須把公共政策納入考量，也必須衡量後果，評估判決結果會對社會產生的更廣泛影響。

有效性與可靠性

主張很重要。事實上，在法學院裡，每當我遇到法律問題，我的目標都是提出具說服力的主張，然後決定如何使用有效且相關的證據來支持這項主張。**有效**表示所用的證據必須準確且可靠，**相關**則表示證據確實支持主張。我的刑事訴訟程序教授將我的成績提高半分，原因是我在課堂上對美國政府訴德雷頓案（United States v. Drayton，二〇〇二年）的分析，此案涉及兩名男子在警方搜查一輛灰狗巴士後被判販毒罪。請閱讀以下事實，看看你注意到的事情是否跟我一樣：

> 克里斯多福・德雷頓（Christopher Drayton）和小克里夫頓・布朗（Clifton Brown, Jr.）搭乘一輛灰狗巴士，從佛羅里達州羅德岱堡（Ft. Lauderdale）前往密西根州底特律。這輛巴士中途按計畫停靠佛羅里達州塔拉哈西（Tallahassee）。司機要求乘客下車，以便為巴士加油和進行清潔。……司機允許三名塔拉哈西警察局的警察上車，執行毒品與武器的例行性阻截工作，這些警察穿著便衣，並攜帶隱藏起來的武器和可見的警徽……
>
> 朗（Lang）警官注意到，雖然天氣暖和，但兩名被告〔德雷頓和布朗〕都穿著厚外套和寬鬆的褲子。根據朗的經驗，毒販經常利用寬鬆衣物來隱藏武器或毒品。

---

8 美國許多學校的法學院強制規定要使用成績曲線來為考試評分。教授會將學生答題的試卷按照表現優劣排列，再對照預先設定的成績曲線為試卷評分。每個分數的名額有上限，因此若學生表現與許多同儕相等，便不容易取得高分。——編註

因此，朗警官詢問布朗是否持有任何武器或毒品。然後他問布朗：「我可以搜身嗎？」布朗回答：「當然可以。」他在座位上前傾身體，從口袋拿出手機，並打開外套配合檢查。朗越過德雷頓，從上往下拍打布朗的外套和口袋，包括他的腰部、身體兩側及大腿上部。朗在兩側大腿區域發現堅硬物體，與其他場合發現的毒品包裝類似。於是，朗逮捕布朗並戴上手銬。胡佛警官押送布朗離開巴士。

接著，朗詢問德雷頓：「我可以搜身嗎？」德雷頓的反應是將雙手舉到離腿大約二十公分的位置。朗拍打德雷頓的大腿，然後發現類似於布朗身上的堅硬物體。他逮捕德雷頓，將他押送下車。

本案的重點為這起事件是不是符合美國憲法第四條修正案（Fourth Amendment）規定的適當搜查和拘捕。你有發現我當時發現的問題嗎？警官主張這是一次合理的搜查程序，你相信他們的主張有效且相關嗎？在有效性方面，我發現至少兩處巨大的瑕疵，這使我懷疑，警官的行動是否能用準確或相關的資訊來證明合理性。這輛巴士從羅德岱堡出發，停靠在塔拉哈西。不過，這輛巴士的目的地是底特律，而且當時是二月。在二月前往底特律時穿著大衣，真的有那麼可疑嗎？此外，我也不確定警官說詞的可靠性，因為這一系列事實看起來有點令人懷疑。兩名被告當時正在犯罪，他們自己也心知肚明。德雷頓剛見到自己的犯罪同夥布朗因為自願接受搜身而被帶下巴士並遭到逮捕，那他迅速同意接受搜查的可能性有多大呢？

我的教授曾任檢察官，當時他停止講課，向全班強調：「這就是分析。你不能只看『事實』，然後盲目接受這就是事實。你必須了解事實背後的故事。」或許朗警官以前因為沒有嚴格遵循第四條修正案的準則，已經有一些逮捕行動遭到推翻，所以他在警方報告中創造出可行的敘事。但或許事實也不是如此。不過，擁有夠合理的懷疑態度來批判「事實」，是一種強而有力的批判性思考特徵，也是thinkLaw架構的要素。

考量多元觀點

法學院也會訓練學生考量一個論證當中的多元觀點，這屬於批判性思考過程的一環。更準確地說，「像律師一樣的思考」會要求學生辨別最重要的爭議部分，並確實分析論證的各方意見。如果我們檢視傳統酪農與杏仁奶和豌豆奶等植物性產品製造商之間，關於哪些產品可稱為「奶」的爭議，那麼我們在進行分析時，通常會傾向自己原有的偏見。酪農往往偏向「奶必須透過從動物榨乳的步驟產生」的想法，並認為那些靠貶低乳業維生的公司依然將其產品稱為奶，是非常不公平的做法。

另一方面，如果這些產品看起來、喝起來都像牛奶，那麼稱為奶又有什麼問題呢？傳統酪農接下來會因為花生醬（peanut butter）不是真正的奶油（butter），就去找花生醬公司的麻煩嗎？明確來說，我在這裡模擬的過程不只是示範某個類型的論證而已。法學院期望學生為不同觀點提出具說服力且強力的論證。我擔任執業律師時，不會花時間去幫我的對手想論點，但從設想他們可能發表的最強論證並思考反制的作法當中，我的確取得不少優勢。

衡量後果

像律師一樣的思考方法是一種強大的批判性思考架構。我在法學院學到的主題各有不同性質，因此必須在不同脈絡之間轉換，活用批判性思考工具。不過，這種thinkLaw方法的魅力遠不只有分析推理所能帶來的效益，以公平正義為基礎的教學方式也有令人振奮之處。

我上契約法課時，課堂上分析的第一個案件是路希訴澤默案（Lucy v. Zehmer），由維吉尼亞州最高法院在一九五四年做出裁決。事實很簡單：路希帶著一瓶威士忌去澤默的餐廳，兩人喝了很多酒，期間他們開始討論澤默出售農場的事。澤默在一張收據的背面寫道：「我們在此同意將佛格森農場以五萬美元完全出售給W．O．路希，產權令買方滿意。」路希把這張紙條拿給澤默的律師並要求履行這份契約，澤默卻抗議他當時喝得太醉，而且路希應該知道他只是在開玩笑。法院判決應履行這份契約，理由是契約存在與否不能用於解釋任一方當事人的意圖；相反地，契約是否成立關乎的是更客觀的分析，亦即檢視實際的文字和行為。

當我的同學寫下關於這個案件的筆記和法律規則時，我卻埋頭苦思。我知道這是法院的意見，但我不太能接受。我了解法院為何更偏好檢視意圖的客觀證據而非主觀證據。然而，依照這條規則，如果我想要獲得一塊便宜的土地，是不是該直接去我家附近的餐廳，把餐廳老闆灌醉，然後引誘他在餐巾紙背面寫下幾行字證明他同意把土地賣給我呢？如果我們分析這種情況的潛在後果，這些關於公共政策的考量或許會導致判決結果不同。那時我才明白，像律師一樣思考是多麼強而有力。

法院的意見並不是正確答案，就只是法院的意見而已。美國最高法院審理德雷德·史考特訴桑福德案（Dred Scott v. Sanford，一八五六年）時，認為「隔離而平等」（separate, but equal）沒有問題，但美國公民不一定要接受這種觀點。當時最高法院的意見是非裔美國人的血統「過於低等，不享有白人必須尊重的權利；為其利益，黑人可公正合法地成為奴隸」，而美國公民也不一定要接受這項意見。當你不僅給予學生分析世界現狀的能力，也提供批判性思考工具來質疑世界應有的發展時，學生就能擁有更高層次的動機。我們都聽過一句俗諺：牽馬到河邊容易，逼馬飲水難。當我們採用的教學方式能激發學生與生俱來的公平正義感時（或者對於青少年來說，是不公不義感），我們不只是牽馬到河邊而已，而是讓馬超級口渴。

由於我的學業能力長年不佳，所以我很驚訝自己能在法學院第一年結束時拿到班上第一名。在我就讀K－12系統的求學生涯中，我連本週模範生都沒當過！不過，法學院與我以往習慣的學校截然不同。我在法學院表現傑出的原因，就跟過去許多成績優異的學生在法學院陷入困境的原因相同。過往學業成就優異的法學院學生沉迷於找到「正確」答案，他們花大量時間背誦法律規定，但如果要求他們將這些規定應用於教授為期末考特意編造的情境時，他們卻無法敏捷思考。

值得注意的是，美國各地採用thinkLaw課程及thinkLaw教學做法的老師開始對學生推行這套架構之後，都不約而同通報了與他們預期相反的發現。成績優異的傑出學生遇到需要進行這類批判性思考的課程時，都會陷入困境；與此同時，各種學習困難者和「行為不當」的學生卻像搖滾明星般脫穎而出。由於我在法學院的經驗，所以這個結果完全不令我驚訝。

頂尖學生往往太習慣於找到「正確」答案，於是在這個灰色地帶多於非黑即白的世界裡，他們很難找到方向。現今學業成就高的人在學會某個環境的規則後，也能在其中獲得成就。只要告訴他們怎麼做，他們就會學習、記憶、重複、重新利用、循環使用。然而，他們的工具箱裡通常沒有提出原創想法、從非傳統角度思考、更細緻處理問題等工具。

與此同時，在二十一世紀的「學會如何學習」技能方面，遭遇學習困難的人最終卻能脫穎而出。如果這些學生聽到老師解釋某件事，然後發覺自己不懂老師剛才說的話，他們往往最後會強迫自己憑自身能力來理解。這種創意和機敏能幫助他們理解開放性較高且留下大量分析空間的問題。

沒有學生能像「行為不當」學生一樣想出那麼多種另一套說詞和獨特觀點。事實上，我本人可以證明，在K－12求學生涯中的大部分時間，用「呃，事情是這樣的……」的句子當作開頭向老師解釋，確實頗有助益。我幼時用來解釋惡作劇的創意，以及為被告尋找新理由來避免刑事或民事責任的過程，兩者之間具有驚人的相似性。這讓我很興奮，因為我發覺thinkLaw不只是一套分析架構，也不只是向學生灌輸強大的批判性思考習慣和心態的方式，thinkLaw同時也是縮小批判性思考落差的實用方法。許多教育工作者因為擔心學生「程度太低」，通常會拒絕讓他們學習批判性思考，如果可以幫助教育工作者看到這些學生展現出強大的批判性思考優勢，就會成為重要的起點，我們就能開始創造一個批判性思考不再是奢侈品的世界。

美國各地為了因應提高教育嚴謹度的需求，教學上正在發生轉變，而thinkLaw也與這些轉變一致。我重回課堂擔任數學老師時，正好趕上「各州共同核心標準」（Common Core State Standards，簡稱CCSS）推出，我很期待這套指引數學和英語文升學及就業準備指南的總括式教學實務。thinkLaw架構與這份標準的前三項數學總體實務密不可分：

- CCSS.MATH.PRACTICE.MP1. 理解問題並堅持不懈地解決問題。
- CCSS.MATH.PRACTICE.MP2. 以抽象及量化的方式進行推論。
- CCSS.MATH.PRACTICE.MP3. 建立切實可行的論證，並評論他人的推論。

像律師一樣的思考方法也與CCSS標準當中學生升學與就業所需的所有英語文共同核心能力一致：

- 學生能表現獨立。
- 建立豐富的學科內容知識。
- 能應對受眾、任務、目標、學科的不同要求。
- 具備理解和評論能力。
- 重視實證。
- 能夠使用科技和數位媒體，且使用方式有計畫、有策略。
- 逐漸了解其他觀點和文化。

當律師的重點就是理解問題，並堅持不懈地處理棘手的問題。律師如果不以抽象和具體的方式進行推論，就無法順利執業。我擔任律師時，幾乎所有收費的工作時間都在建立可行的論證，同時尋找有效的方法來反駁另一方提出的論證。毫無疑問的是，我非常需要「應對受眾、任務、目標、學科的不同要求」、「具備理解和評論能力」、「重視實證」，這些都是像律師一樣思考的要素。

即使是德州和維吉尼亞州等從未採用CCSS的州，也依然參與了提高學術水準的嚴謹度的全國運動。不過，這項運動一直存在一個挑戰，就是大家不太了解如何讓教學實務達到這個理想目標。如果你有小孩是在過去八到十年內開始上學，你可能曾咒罵「新數學」（new math）。如果你在過去八到十年內從事教職，你聽到「嚴謹」一詞的次數或許比聽到學生要求去廁所的次數更多。如果你在過去八到十年內擔任學校主管，你或許曾在巡堂後哀嘆，儘管你已經盡力輔導，但有些老師就是不懂到底什麼是嚴謹。不過，你很快將會發現，thinkLaw能將嚴謹教學的概念變得更實用。

最重要的是，thinkLaw也顛覆了布魯姆（Benjamin Bloom）的教育目標分類法。[1]我常將布魯姆的分類法視為師資教育中最不幸的圖表，問題不是圖表的內容，而是圖表本身的設計（見圖三）。

這張金字塔圖將記憶和理解擺在最底層，評估和創造在最頂層，使老師相信這些階層必須永遠依序處理。如果真是如此，對於學生來說（尤其是表現低於年級程度的學生），老師不會教導批判性思考根本是不足為奇的事，因為學生「程度太低」了。這種做法忽略一項事實，就是學生在完整了解基礎知識之前，就能評估、彙整及開始進行高階層思考程序。事實上，發人深省的高階層問題經常能當作誘餌，激勵學生掌握回答問題所需的低階層技能。

圖三｜布魯姆的分類圖

布魯姆的分類法

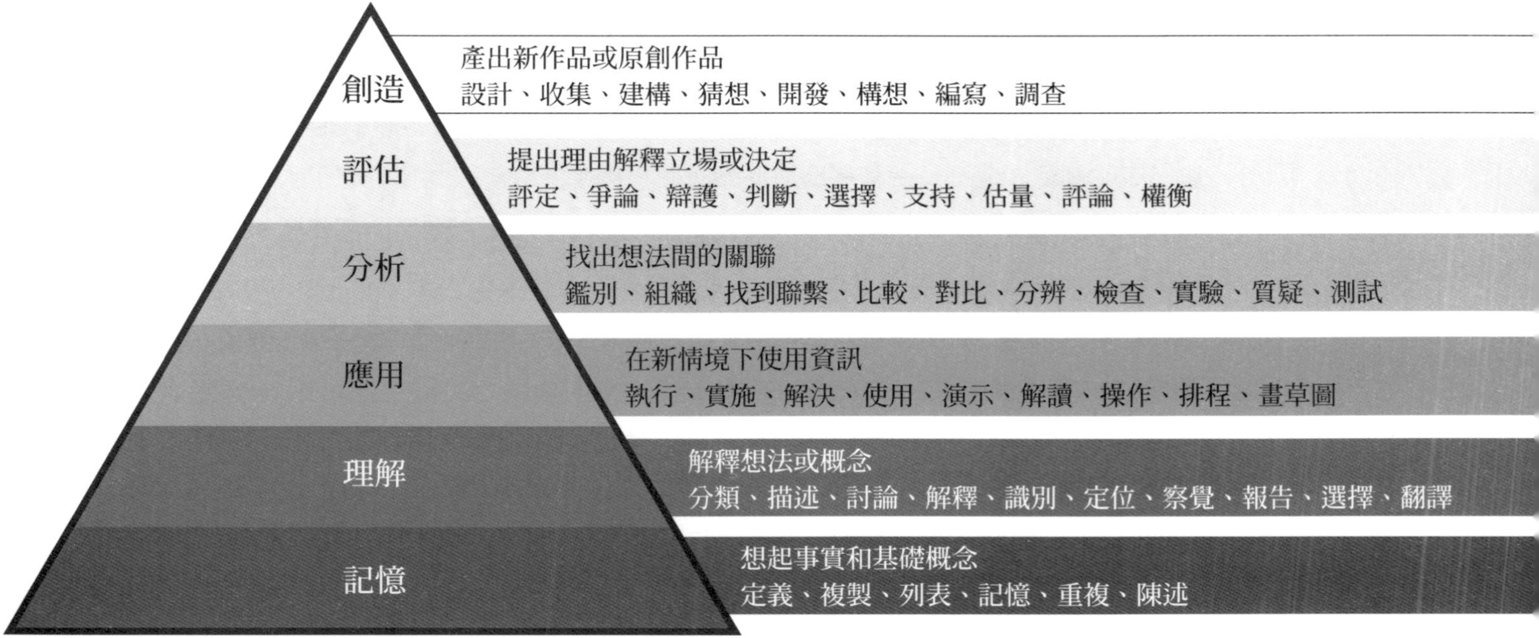
創造
產出新作品或原創作品
設計、收集、建構、猜想、開發、構想、編寫、調查
評估
提出理由解釋立場或決定
評定、爭論、辯護、判斷、選擇、支持、估量、評論、權衡
分析
找出想法間的關聯
鑑別、組織、找到聯繫、比較、對比、分辨、檢查、實驗、質疑、測試
應用
在新情境下使用資訊
執行、實施、解決、使用、演示、解讀、操作、排程、畫草圖
理解
解釋想法或概念
分類、描述、討論、解釋、識別、定位、察覺、報告、選擇、翻譯
記憶
想起事實和基礎概念
定義、複製、列表、記憶、重複、陳述

美國所有法學院和商學院都使用案例教學法是有原因的。這種蘇格拉底風格的提問法能轉移權力，使老師不再是講台上的智者。反之，學生才是學習中承擔重任的人。對於需要超越非黑即白思維的資優生而言，thinkLaw能利用他們強烈的公平正義感來激發潛能。thinkLaw具備容易學習、靈活運用的特性，使教育工作者能將這些策略用於任何年級和學科領域。

從前在內華達州拉斯維加斯，就讀最富裕學校的八年級學生參加該州數學考試時，只有大約百分之六十的人達到精熟程度，而就讀低收入社區學校的八年級學生，很少有超過百分之三十五的人達到精熟程度，但當時我在安德烈·阿格西大學預備學校教的八年級學生，有百分之七十四的人都達到精熟程度。自那時起，thinkLaw就與資優教育計畫、少年觀護所的學生、成年脫離寄養的年輕人、菁英私立學校、學前班、英語非母語者、義務教育撥款計畫，都建立合作關係，這些合作證實我們的理論：只要使用這套架構，任何人都能學會批判性思考。這一點很有幫助，因為所有學生都必須掌握批判性思考。

CHAPTER 5 thinkLaw簡介

「像律師一樣思考」遠遠超出我們一般認定的法律範圍。從起床到睡覺，你可能遇到數百個與批判性思考密切相關的時刻：食用過多牙膏的警告標誌、早餐穀片上的營養標示（而且你會震驚地發現，自己碗裡的早餐穀片量至少是建議份量的兩倍）、你剛剛在那款新應用程式上接受的合約條款（要求你同意在南極洲進行具約束力的仲裁），甚至是日常通勤時可能見到的簡單標誌。以這個標誌為例：

這個標誌是什麼意思？看起來很簡單，就是公園內禁止開車。換句話說，你看到這座公園了嗎？不要在裡面開車。非常直截了當。你就是不能在公園內開車。

不過，還有一個問題：可以在公園內騎腳踏車嗎？標誌上寫的是禁止開車，所以應該可以騎腳踏車吧？然而，如果這項開車限制是出於安全原因而設立，或許我們不希望在幼兒玩耍的遊樂場旁邊，有一群世界極限運動會（X Games）的單車騎士表演翹孤輪及展現其他瘋狂特技。因此，或許我們也可以增加一條規則，禁止民眾以不安全的方式使用普通腳踏車。

那輕型機車呢？雖然騎輕型機車跟開車不太一樣，但輕型機車也有引擎。不過，如果我們允許騎輕型機車，接下來就要允許機車，然後一發不可收拾。因此，或許我們應該清楚說明，所謂的開車是什麼意思。如果開車代表的是駕駛任何有引擎的交通工具，這樣有用嗎？

聽起來不錯，可是假設一下：一個可愛的六歲小孩剛好有一輛吉普切諾基電動車玩具，這輛車裡有一個小引擎，但時速不超過五公里。（我可能會為了洩憤而直接禁止這種玩具，因為這是我小時候一直很想要的玩具，只是我母親永遠都不買給我。）有人會說，這種開車不算違反規則，因為這不是真正的開車。因此，或許我們現在可以修改這條規則：如果你開的不是真車，則開車行為不違反規則。那麼，電動車不算是真車囉？

最後請再想想，我們正在逐漸接受「公園內不能駕駛任何類型的真正機動車輛」這種解讀方式。然而，假如有一個小男孩從鞦韆上摔下來，大量出血，救護車很快趕到，然後救護人員發覺，如果開車穿過公園直達男孩身邊，他們就能把他送上車，立刻載去醫院。但如果他們必須走出救護車、拿出擔架、將男孩送上車、載他去醫院，就會失去關鍵的十分鐘治療時間。我猜大多數人都能接受讓救護車穿過公園來拯救男孩的生命。可是，我們剛剛才決定公園內不能開車耶！

這是一個有用的例子，說明thinkLaw方法同時具備容易理解和錯縱複雜的特性。即使是最年幼的thinkLaw學員，也能輕鬆理解「公園內禁止開車」的含義。然而，思考這個簡單含義背後所有的潛在例外和細微變化，就能證明教育工作者可以利用直截了當的概念，建立對於批判性思考非常重要的求知傾向，亦即看穿表象進行探究的習慣。

thinkLaw策略

後續章節會介紹五種不同的thinkLaw策略。「多元觀點分析」是thinkLaw的基本策略，它構成其他策略的基礎。由於這套架構對整個thinkLaw方法十分重要，所以本部分包含一章說明多元觀點分析如何運作，還有一章說明為什麼這個策略有效。

其他四種「像律師一樣思考」的策略分別是錯誤分析、調查與證據開示、和解與談判、競賽。你將會了解每種策略的基礎理論架構，這些架構會解釋為什麼每種策略可以有效激發學生的批判性思考潛能，以及如何運作。你也會看到實際範例，說明在小學和中學的跨學科領域中，如何將這些策略付諸實用。其中某些範例會以迷你課程的形式詳細呈現，其他範例則只是問題，或是簡短描述如何進行教學單元。

這些策略並不是一體適用的解決方案，反之，它們的設計目的是啟發你改變教學方式。請注意，如果你期待本書寫出某種翻天覆地的轉變，那就表示你讀錯書了。thinkLaw方法的基礎理念是：雖然批判性思考革命不會在電視上播放，但必須實際可行。因為施行的實用性是首要考量，所以你應該了解，thinkLaw策略必須是適用各種課程的工具。

換句話說，無論你的學校是否開設數學和英語文課程，都可以應用這些方法。你可以將thinkLaw策略無縫整合至各種學校模式，包括優先考量主題式學習、STEAM、蒙特梭利、返回根本取徑或雙語課程等模式。本書提供的範例僅限於數學、英語文、社會研究、科學等核心學科，不過，美術、體育、職業與技術教育和其他選修課程的老師，也可以針對自己的日常工作找到非常實際的應用方式。

當你閱讀這些thinkLaw架構，以及應用這些架構的實際範例時，我希望你能思考學科以外的衍生影響。先前我們曾將批判性思考定義為具有四個要素：

1. 我們需要的技能組合和傾向
2. 學會我們需要學習的東西
3. 解決跨領域問題
4. 基本精神是做正確的事而非只是有正確的知識。

thinkLaw在學業方面的效益相當重要，但這套方法在提升衝突解決技能、激發積極主動的公民意識、培養領導技能方面的作用也同樣重要。每位教育工作者在學生的全人發展中都扮演獨特的角色，所以請以開放的心態，探索如何使用thinkLaw策略來正向培養學生的性格、判斷、思維及領導潛能。

CHAPTER

6 多元觀點分析

對於矛盾心態，律師能看到其中的多種面向。如果想要完整分析任何問題，必須仔細了解案件的所有不同面向。在我曾經任職的那種大型法律事務所，一旦完成這項分析，一般的初級律師就需要考慮幾個額外問題：

- 在這個案件中，我該怎麼將這些資訊呈現給主要合作夥伴？
- 我該怎麼採用儘可能「不過度承諾，但表現超乎期待」的方式，向客戶解釋這些資訊？
- 我該怎麼建構我的論點，才最有可能說服脾氣暴躁的法官閱讀這份簡報？
- 我該怎麼確保我寫的內容能對另一方的論點造成最大傷害？

進行多元觀點分析，並以具說服力的方式與不同受眾溝通，是thinkLaw的基礎策略。本章將介紹一個真實法律案例，藉此說明這項策略的運作方式，詳細解釋為何這項策略是極具影響力的批判性思考工具，並提供幾個將這項策略應用於教學實務的範例。

加瑞特訴戴利案（Garratt v. Dailey）是一件著名的人身傷害案，大多數法學院學生都會在一年級的侵權法課程中探討這起案件。此案在一九五五年於華盛頓做出裁決，下文中的一系列事實及隨後的法院裁決，在法律上創造出極為重要的先例。幸運的是，此案也提供極佳機會，幫助我們培養批判性思考技能和傾向。

椅子

五歲男孩布萊恩看到阿姨正要坐到椅子上。就在阿姨坐下來之前，他把椅子拉開了。阿姨摔倒，導致髖骨骨折，並花費一萬一千美元的創傷醫療費，結果她以毆擊罪對布萊恩提起訴訟。當某人實施（一）故意行為，該行為（二）涉及接觸，且此接觸（三）具有傷害或侵犯作用，並（四）造成損害時，即構成毆擊罪。上述每一個要素都必須為真，才能讓某人為毆擊罪負責。假設布萊恩能付律師費，你對以下問題的直覺反應是什麼：布萊恩該為毆擊罪負責嗎？

大多數教育工作者連想都不用想就會說「不該」。在坐滿四年級、七年級甚至十二年級學生的教室裡，或許也會得到相同答案。多年來，我已經向超過兩萬名教育工作者提出這個問題，我可以很有信心地說，超過百分之九十五的人也有相同的直覺反應，認為布萊恩不該為毆擊罪負責。不過，請自我挑戰一下，暫時跳脫你最初的偏見，然後思考阿姨的論點。她會怎麼論證布萊恩該負責呢？

在我們分析阿姨的觀點之前，先說明兩條重要的基本規則。首先，我們不能編造任何事，整個分析必須侷限於雙方提供的資訊。其次，雙方都對事實沒有異議。這表示我們相信整個故事從表面上來看都是真的。換句話說，我們知道布萊恩看到阿姨正要坐下，我們知道布萊恩在她坐下之前把椅子拉開，我們知道她摔倒，而且髖骨骨折，這些事實都沒有爭議。

鑑於這些事實、毆擊罪的規則以及基本規則，我們該從哪裡開始呢？在這類分析中，第一步是縮小核心問題的範圍。想要證明毆擊罪，阿姨需要證實布萊恩的行為符合毆擊罪的四個要素：（一）故意行為，該行為（二）涉及接觸，且此接觸（三）具有傷害或侵犯作用，並（四）造成損害。這裡有沒有任何要素是無法進行合理辯論的呢？

由於布萊恩的阿姨摔斷髖骨，為此支付了一萬一千美元的醫療費用，所以布萊恩拉開椅子的行為似乎明顯具有傷害作用，且對她造成損害。我們可以編造一系列事實，宣稱阿姨早已摔斷髖骨還故意跌倒，這樣她就能把錯推到布萊恩身上。然而，這種做法是捏造事實，違反基本規則。此外，阿姨似乎不太可能先發生髖骨骨折這樣嚴重的創傷，然後設法拖延足夠長時間來完成這場高明的騙局，以便讓一個五歲小孩支付自己的醫療費用。所以如果要分析這起案件，我們真正該關注的地方是布萊恩的行為是否屬於故意，以及布萊恩的行為是否涉及接觸。以上這兩項是這起案件中存在嚴重爭議的毆擊罪要素。

證明意圖是非常困難的事，因為我們無法深入布萊恩的大腦，證明他是故意拉開阿姨要坐的椅子。因此，我們的目標是想出如何解釋事實，使陪審團能得出結論當中，只有「布萊恩是故意拉開阿姨要坐的椅子」這個是合理的。我們解釋這些事實時，必須找到一種簡單的方式來呈現事實。簡單很重要，因為陪審團裡全是外行人，他們不懂花俏的法律繁文縟節，也不想學習法律術語。哪一組事實經過簡單解釋後能夠導出「布萊恩的行為屬於故意」的合理結論呢？讓我們再看一次這些事實：

五歲男孩布萊恩看到阿姨正要坐到椅子上。就在她坐下來之前，他拉開了椅子。阿姨摔倒，導致髖骨骨折，並花費一萬一千美元的創傷醫療費。

我們知道布萊恩看到阿姨正要坐下，這似乎證明了他是故意的，因為他清楚知道阿姨正要坐下。我們也知道是他親自拉開椅子，而不是風或另一個拉開椅子的人所為。不過，這裡有一個經常遭到忽略的關鍵細節：布萊恩不是在阿姨坐下前五分鐘甚至前五秒拉開椅子，而是「就在阿姨坐下之前」拉開椅子。這麼精確地掌握時機，顯示一定程度的深思熟慮和計算，進而強烈表明這是故意行為。

將這些資訊拼湊起來，我們就能向陪審團呈現一段簡單的敘述，聽起來可能像是這樣：

> 庭上，布萊恩或許才五歲，但這個五歲小孩不僅看到阿姨正要坐下，並且拉開她身下的椅子，而且他是在阿姨正要坐下的那一刻拉開她身下的椅子。我無法深入布萊恩的大腦，證明他故意這麼做。不過，各位陪審員……你們覺得呢？

這套論證聽起來很有說服力，我也知道你現在可能非常想為布萊恩辯護。如果你是布萊恩的律師，你會如何反駁這套關於意圖的論證？事實上，你可以把自己設想成一個試圖論證意圖的普通六年級學生。普通的六年級學生會緊盯著哪一個關鍵細節，因而無法進行真正的分析？如果你認為布萊恩的年齡會是癥結點，那你答對了。如果六年級學生用「他才五歲！」四個字做為回答，我也不會感到驚訝。換句話說，五歲孩童可能不明白拉開椅子的潛在後果。這或許是真的，因為大多數五歲孩童不會故意想要讓自己的親戚住院。不過，如果你的最佳論點是「布萊恩太年幼了」或「布萊恩只是開玩笑」，那可能還不夠好。你不能在法庭上論證，一名婦女的髖骨骨折只是一個後果糟糕的玩笑罷了。

讓我們再看一次這些事實：

> 五歲男孩布萊恩看到阿姨正要坐到椅子上。就在她坐下來之前，他拉開了椅子。阿姨摔倒，導致髖骨骨折，並花費一萬一千美元的創傷醫療費。

我們有沒有辦法看著這串完全相同的事實，卻說出一個截然不同的故事？我們知道布萊恩看到阿姨正要坐下，並在她要坐下之前拉開椅子，但我們不知道他這麼做的理由。如果他是想要幫她呢？如果布萊恩受過紳士訓練，那他看到阿姨正要坐下，並在她要坐下之前拉開椅子，是完全合理的行為。而且為什麼阿姨會摔倒呢？因為布萊恩才五歲，孩童的手眼協調、精細動作技能或空間認識能力都還沒發育完全。或者，他可能只是省略一個關鍵步驟，就是在阿姨正要坐下時將椅子稍微推進去一點。無論如何，我不確定我有多相信這套論證，不過，如果這起事故的發生緣由是這套紳士訓練理論，那麼按照定義就不可能是故意行為。

接著我們來討論「接觸」這項要素，為什麼證明接觸很困難？因為這起案件中沒有直接接觸。布萊恩拉開椅子，然後阿姨的臀部撞到地板。不過，阿姨的律師必須想辦法避開沒有直接接觸的事實。布萊恩看到阿姨正要坐下。如果考慮眼神接觸是否足以滿足接觸要求，可能有所幫助。然而，如果光是給別人一個不滿的眼神，就足以為毆擊罪負責，這個世界會是什麼樣子呢？這個論點或許不是很好的主意。

我們確實知道，布萊恩與椅子的接觸方式導致阿姨與地板接觸。我們是否能提出一個論點，說明「椅子骨骼」與阿姨的尾骨相連，而尾骨又與「地板骨骼」相連呢？在這種情況下，椅子和地板成為阿姨身體的延伸，這一想法對於確立接觸的要素確實有所幫助，但對於擔任陪審員的外行人而言，依然有點令人困惑。

如果我是阿姨的律師，或許會想幫助陪審團理解，要是不將布萊恩的行為視為接觸，判決結果對公共政策會有什麼影響。如果毆擊罪只能透過直接接觸發生，這個世界會是什麼樣子呢？一個人可以開車輾過其他人，然後說：「庭上，嚴格來說，是保險桿撞到他的。」結果法官會說：「好吧，沒有直接接觸，結案。」針對毆擊罪的完整辯護會包括「是刀子刺傷他」、「是子彈射傷他」或「是磚塊砸到他的頭」。因此，或許這裡存在一種連續演變的光譜，在光譜的一端是直接接觸，例如揍某個人的臉，而在另一端，我們則可以責怪調酒師。

這跟調酒師有什麼關係？這個嘛，結果證實，布萊恩的母親懷上他的那晚，是與布萊恩的父親一起享用瑪格麗特雞尾酒，調酒師也特別大方地加了許多龍舌蘭酒。五年十個月後，布萊恩害阿姨摔斷髖骨。要不是那位調酒師讓布萊恩的父母喝酒狂歡，布萊恩的母親就不會懷上他，布萊恩也就沒有機會拉開阿姨的椅子。但這套調酒師理論明顯太牽強了，無法證明因果關係。因此，把「要不是」型推理應用在這個案子，效果有限。不過，從這個「要不是」的連續光譜來看，在某人正要坐下之前拉開椅子的行為，或許遠比調酒更適合被視為接觸的那一類動作。

許多教育工作者將批判性思考定義為「不帶情緒的分析」。換句話說，批判性思考的重點是理性思考；從另一方面來看，基於情緒的思考在本質上就不理性。但我對批判性思考和情緒之間的關係抱持更微妙一點的看法。如果你想了解原因，請檢視你目前的想法。我們已經分析完意圖和接觸了，現在我希望你再次閱讀下列事實：

五歲男孩布萊恩看到阿姨正要坐到椅子上。就在她坐下來之前，他拉開了椅子。阿姨摔倒，導致髖骨骨折，並花費一萬一千美元的創傷醫療費。

與你第一次閱讀這些事實相比，你現在是否覺得這起案件可能比原本想像的更複雜或更微妙？你可以把此案當作培養批判性思考態度的範例，尤其是培養看穿表象的習慣。你讀到這一系列令人震驚的事實，因而立即在心中引起反應。你在尚未完全分析所有細節的情況下做出直覺判斷，不過你充分具備成熟的批判性思考態度，能了解自己的直覺反應是基於情緒而產生，而且你也知道，你的直覺感受尚未獲得任何實際分析的支持。

想像一下，如果所有學生都擁有這種合理的懷疑態度，讓他們能更深入探討表面上看似簡單的資訊，那會如何？如果成人在社群媒體上這麼做，那會怎樣？如果成人確實先讀過文章，而不是讀過標題就對文章嘮叨抱怨，那又會怎樣？在一個表面上看起來很愚蠢的案件中，如果你能跳脫自己的初始偏見，並為那名阿姨辯護，那麼這個簡單的動作會促使你進行更加細緻的分析。如果不斷重複這種思考過程，就能培養可跨領域使用的批判性思考技能和心態，這正是學生需要的重要工具。

看穿表象進行思考時，如果退後一步、詢問大家視而不見的問題，會是很有幫助的做法。這起案件有什麼似乎很奇怪的地方嗎？阿姨起訴自己的外甥似乎很奇怪，尤其是外甥才五歲而已。儘管如此，這起案件的真實情況是什麼？可能誘發這起訴訟的幕後細節是什麼？你的大腦可能正在思考這些問題。或許你想到家庭糾紛，尤其是阿姨可能與布萊恩的父母曾有一些齟齬。或許你認為這起案件涉及保險問題，有可能阿姨必須起訴布萊恩才符合保險範圍，因為她非常需要錢。說到錢，或許布萊恩有一筆很不錯的信託基金，家境也很富裕，那他家就是最適合受傷的場所！也或許，這起訴訟帶有矯正的動機，因為布萊恩可能非常調皮搗蛋，已經做過幾百次類似的事，卻沒有承擔任何責任。

你針對這個案子提出的理論並不重要；重要的是，如果你在歷史課上詢問學生誰是進步時代最具影響力的人物，或者如果你在科學課上要求學生預測導致化學反應發生的原因，此時你會得到的答案往往都是「我不知道」，或是課堂上最臭名昭著的那種茫然眼神。不過，當你喚醒學生與生俱來的公平正義感時，他們感覺就像願意為布萊恩上刀山下火海一般。他們能看穿表象，流暢地做出預測和推斷。

我們甚至可以將這個案例擴展到涉及大局的公共政策問題。如果孩童可以到處拉開別人的椅子，導致別人受重傷，受害者卻因加害者過於年幼而無法討回公道，這個世界會是什麼樣子？與此同時，如果每一次五歲孩童的惡作劇造成糟糕的後果，成人就可以到處起訴他們，這個世界又會是什麼樣子？這兩個世界都不理想，那你比較願意生活在哪個世界呢？

此時，我們已經採用一種在概念上非常簡單，能介紹給小學生的觀念，但我們也將嚴謹度提升至適用於任何法學院或法庭的程度。最棒的是，學生根本不知道怎麼回事。他們不知道自己正在參與符合標準的批判性思考活動，不論是布魯姆的分類法、韋伯的知識深度系統（Depth of Knowledge），或任何你最熟悉的嚴謹標準，這些活動都符合最高程度的標準。學生只是在享受為布萊恩的權利而奮鬥的過程！對於將這類大局議題做為教學高潮的老師而言，這種做法就成為一種轉移力量的實用工具。涉及大局的問題能幫助老師轉換角色，從講台上的智者，變成激勵學生在自身學習中承擔重任的引導者。

「答案」

考慮到上述所有討論之後，你的想法有改變嗎？更仔細分析這件阿姨起訴外甥的案件之後，你對於讓布萊恩為毆擊罪負責的決定有改變嗎？不論有無改變，你認為應該產生的結果，以及法官可能下的判決之間，是否存在差異？覺得布萊恩不該負責的人，通常認為法官會判定布萊恩需要負責。他們認為，法官比較客觀且只會關注事實，而他們自己則比較不理性，傾向去思考事實以外的問題。不過，對於這種意見分歧，只要我們看看法院的判決，就會有一套比較簡單又合理的解釋了。

法院裁定布萊恩需為毆擊罪負責。法院的理由是，雖然布萊恩或許沒有讓阿姨摔斷髖骨的意圖，但造成傷害的意圖並不是問題所在，唯一重要的意圖是布萊恩拉開椅子的意圖。雖然沒有直接接觸，但可以充分肯定的是，在某人正要坐下的那刻從他身下拉開椅子，就會導致接觸。有些讀者大概不喜歡這個判決。

沒關係，這不是正確答案，只是法院的判決而已。法院曾支持一條禁止異族通婚的法律，理由是因為沒有人可以與不同種族的人結婚，所以這對大家都很公平。法院曾支持美國設立日本人拘留營。其他法院也曾裁定，日本國民或印度國民都沒有成為美國公民的資格。然而，美國公民不一定要接受這些判決做為最終答案。換句話說，讀過布萊恩案的判決結果之後，你可能會感到焦慮，但這是一種良好的焦慮。為學生提供批判性思考工具來分析世界的現實狀態，的確非常重要。不過，為學生提供工具來探問世界的應有面貌，是明顯更力道強大的做法。

因為有布萊恩案這樣的案例，所以多元觀點分析是thinkLaw方法的基礎。當我們未必關心某人時，為他的立場發聲並不容易。當我們非常同情某人，而且非常不希望他承擔責任時，分析為何我們仍然希望他承擔責任也同樣不容易。不過，這都是很好的挑戰——這些挑戰令人困擾卻富有成效，迫使我們不僅要深入分析，也要改變我們思考這類問題的習慣。

CHAPTER 7 多元觀點分析的力量

在上一章，我花了不少篇幅分析以二年級程度書寫的一小段文字。thinkLaw 的多元觀點分析策略之所以如此強大，有三個原因：

1. 多元觀點分析能解放學生的動機與能動性。
2. 在如今這個時代，社會情緒學習（social-emotional learning，SEL）比以往都要重要，多元觀點分析提供了建立同理心的實用工具。
3. 最重要的是，多元觀點分析就是 thinkLaw 達成跨年級和跨學科領域的批判性思考架構的基礎。

本章將更深入探討這項強大策略的運作方式。

動機與能動性

想像一下你在教室裡帶領學生進行前一章的「椅子」這類案例的思考活動，你或許能感覺到一股活力。不會有學生在這樣的學習時刻大喊：「這個會考嗎？」也不會有人問：「這個會算分數嗎？」除了參與度之外，學生的接受度也完全不同。大家實在很常提到「學生參與」一詞，這使老師有時會忘記，積極參與的學生不一定是在學習。不過，當我們抱持明確目標來設計讓學生參與的環節，以便釋放學生與生俱來的動機和能動性時，學生參與就成為一項關鍵因子，有助於建立學生對深入學習的渴望。

動機與能動性是什麼？學生在學習「椅子」這項活動時，並不是為了得到答對的獎狀或紅勾勾才參與，而是為了更深刻的原因，那就是一個五歲小孩的未來危在旦夕！這種內在動機通常與公平正義、衝突、戲劇性事件、調查和競爭有關。

在有意義且自主行動的學習經驗中，如果學生能夠與學習內容建立聯繫，就會產生強大的作用。想要做到這一點，學生必須認為自己能夠成功達到學習目標。在「椅子」範例中，學習者不需要就讀法學院，就能在分析這起案件時，以深思熟慮的態度參與學習過程。因為擁有這種自信，所以學生在分組討論時能借鑑彼此的想法、激發彼此的創意，並一邊高談闊論一邊哈哈大笑。

這讓我想起一個關於毅力的重點。對於以下這道是非題：「學生根本沒有毅力，如果他們有毅力，就會更加成功」，你的答案是什麼？如果是幾年前，我會毫不猶豫地說是。不過，當我有機會與美國各地正規教育體系內外的年輕人互動之後，我很確定教育工作者其實並不真正了解毅力。

我知道有年輕人生活在德州和亞利桑那州的邊界社區，他們每天需要花費多達兩個半小時的時間去學校，因為他們每晚都要返回墨西哥。我知道有年輕人每天都必須穿越危險的社區，克服困難重重的家庭狀況，才能去上學。同時，我也知道有許多年輕人願意通宵熬夜解決非常複雜的問題——當然，這些複雜的問題往往是最近流行的遊戲。不過，這些案例都顯示，問題並不是學生沒有毅力。無論我們是否能看見，學生其實在許多方面都擁有超乎我們想像的毅力。身為教育工作者，我們面臨的挑戰是：該怎麼為學生創造經常運用毅力的機會呢？

建立同理心

乍看之下，阿姨起訴五歲外甥的行為感覺不太對。不過，當我們開始以阿姨的角度看待整件事，設身處地思考時，她的情況似乎也相當糟糕——畢竟她必須承擔所有醫療費用，還需要忍受髕骨骨折的痛苦。要是這位阿姨是你母親呢？要是這位阿姨是你自己呢？

為你不同意的一方建立合理的論證，這種簡單練習是一項有力的工具。設身處地思考他人的想法，從他人的觀點體驗衝突，這種能力就是同理心的精髓。當社會情緒學習成為教育工作者責任清單上的眾多事項之一時，我們會感覺鬆了一口氣，因為我們不需要在嚴謹的學術內容和社會情緒學習之間抉擇了。多元觀點分析可以同時達成這兩個目標。

thinkLaw 架構：DRAAW+C

你覺得這件裙子是什麼顏色？你聽到的詞是 Yanny 還是 Laurel？你會選 Popeyes 還

是Chick-fil-A的雞肉三明治？這個世界似乎不乏利用大眾做決定時的狂熱本性而產生的病毒式熱潮。你在觀看任何新聞台或體育台時，同樣會看到許多節目上的講者只會滔滔不絕談論自己的看法。幸運的是，thinkLaw的多元觀點分析模型創造出一套具體架構，有助於進行更深思熟慮的推理過程。

一套跨年級和跨學科領域（甚至可用於領導能力、親職教養、一般決策）的通用批判性思考架構，可能如圖四所示。學生建立論證時，應該確保他們企圖提出的任何主張都有證據支持。這些證據必須有效，也就是是可靠、可信，並包含最新資訊。這些證據也必須相關，這代表證據必須確實支持他們企圖提出的主張。

在這個過程中，學生應該考量多元觀點。他們會想要成為真正的「魔鬼代言人」，提出反對方的主張來協助引導自己思考。然後，他們應該要思考自己的決定所產生的後果。提出「如果……，這個世界會是什麼樣子？」這一問題，能幫助學生看得比眼前的問題更遠，並設想潛在影響。他們的決定可能會讓一條存在已久的規定或準則變成什麼樣子？這是「有正確知識不如做正確的事重要」而產生的問題之一嗎？

最後，學生的結論應該要直接從這套分析中推導得出。我們經常看到學生以另一

圖四｜學生應如何思考、寫作及論證

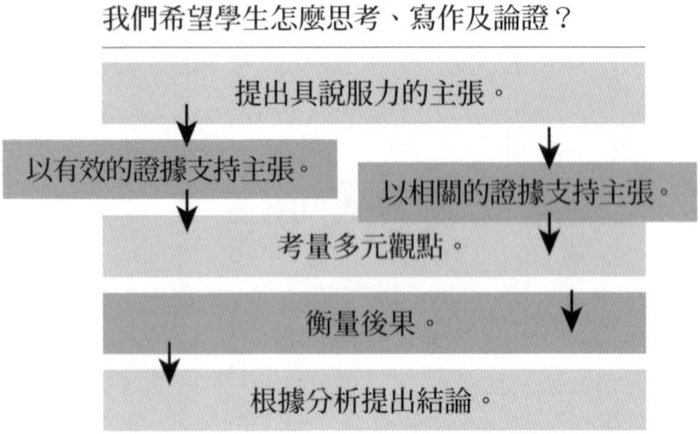
我們希望學生怎麼思考、寫作及論證？
提出具說服力的主張。
以有效的證據支持主張。
以相關的證據支持主張。
考量多元觀點。
衡量後果。
根據分析提出結論。

種方式得出結論：他們先知道自己想要的結論是什麼，然後再想方設法得到這個結論。他們會從自己都知道無效的可疑來源引用資料，或胡亂提出與正在討論的主張毫無關聯的證據。他們會事先準備支持自己一方的資訊，營造出對自己有利的條件。他們唯一關心的後果，就是沒有得到自己想要的結果所產生的後果。

thinkLaw透過一種稱為DRAAW+C（見圖五）的架構，將分析過程簡化。每當學生需要進行批判性思考來做決定或完成作業時，就能輕鬆遵循這套架構。他們會先做出初步的決定：誰應該獲勝？最佳行動方案是什麼？該選擇哪

圖五｜DRAAW+C架構

D	**決定（Decision）**：誰應該勝訴？
R	**規則／法律（Rule/Law）**：這個案例適用什麼規則或法律？
A	**原告將提出的論證（Arguments plaintiff will make）**：原告將會使用的所有證據、事實和論證。
A	**被告將提出的論證（Arguments defendant will make）**：被告將會使用的所有證據、事實和論證。
W	**世界（World）**：放眼大局，和其他合理的決定相比，為什麼你的決定對世界更有益？
C	**結論（Conclusion）**：將決定重寫為結論。

個人？然後，他們會針對自己提出的主張，重申適用的規則、定律、數學的運算法則、文法規則、科學理論，或其他邏輯基礎。

如果學生要解釋他們認為誰是進步時代最具影響力的人物，他們或許會這樣解釋規則：「要成為進步時代最具影響力的人物，此人的行為必須直接影響美國在一八九〇年代到一九二〇年代之間的最大變化。」如果學生在修習西方藝術史課程，需要辨別某幅畫出自哪個藝術時期，他們可能會判斷這幅畫屬於新古典主義風格，並採用以下規則：「在新古典主義的藝術作品中，畫中的主角看起來像是輪廓非常清晰的雕像。」

接著，學生需要建立自己的論證。至少，他們希望提出強而有力的論證和反論證，但許多問題並不是「一方面……但另一方面……」這麼簡單。如第十章〈和解與談判〉所討論的內容，學生可能需要分析三個以上互有衝突的論證。此外，身為老師，你也可以靈活改動問題的要求。如果你教的是小學生，你可能只希望學生寫一個句子做為論證，另一個句子做為反論證即可。而對於中學生，你的要求可能擴展為完整段落，讓學生為每個論證和反論證提出多個論點。

DRAAW+C的「世界」部分能將良好的論證轉變為強而有力的論證。圖六的DRAAW+C範例是一名三年級學生的答案。當他提出自己的論證和反論證時，已經把握住其中訣竅了。他寫道：「阿姨會論證，布萊恩是故意拉開椅子，而且知道她會摔倒。布萊恩會論證，他只有五歲，他不知道阿姨會受傷。」不過，這名學生將答案提升到更高層次，他進行分析，探討對布萊恩不利的決定會在未來的類似案例中對公共政策造成怎樣的負面影響：「如果阿姨勝訴，其他小孩會開始遭到起訴。小孩沒有錢也沒有律師！」

「世界」部分或許聽起來很耳熟，這是因為它是最常見的答案類型之一，也就

圖六｜三年級學生的DRAAW+C答案

DRAAW+C架構

D	阿姨會敗訴。
R	這個案子的規則是，布萊恩的行為一定是故意、有害且造成損傷，而且涉及與他人的接觸。
A	阿姨會論證，布萊恩是故意拉開椅子，而且知道她會摔倒。
A	布萊恩會論證，他只有五歲，他不知道阿姨會受傷。
W	如果阿姨勝訴，其他小孩會開始遭到起訴！小孩沒有錢也沒有律師。
C	因此，阿姨會敗訴。

是「引發更多同類事件」（opening the floodgates）的論證。舉個例子：「如果你讓一名婦女因為咖啡太燙而勝訴，就會引發各式各樣的瘋狂案件。接下來就會有人起訴熨斗製造商，原因是他在穿著衣服時燙衣服，然後被熨斗燙傷了！」這種答案與「滑坡效應」（slippery slope）的論證屬於同一類型，例如：「如果你將醫用大麻合法化，就會導致滑坡效應，最後所有毒品都會完全變得合法。」雖然滑坡效應的論證太過極端時可能變成邏輯謬誤，但它的主要概念是幫助思考者開始著眼於比當前問題更遠的地方，並分析此決定作為先例的價值。在「世界」這個部分，所有有效答案的關

鍵要素都是清楚說明為什麼世界會因為某個決定而變得更好（或更糟）。

最後是結論的部分。與任何紮實可靠的結論一樣，這個部分會重申重要論證，但不會提出新論點。圖七是一份評量指標，說明了如何評估DRAAW+C的結果。

多元觀點分析範例：誰應該獲勝？

在設計給學生學習從多元觀點分析問題的所有學習經驗之中，「誰該獲勝」是共通的基本設定。以下是設定這項學習策略的步驟：

1. 選擇問題主幹：誰、什麼
2. 選擇你想進行的排名類型：最佳／最糟、最具影響力／最不重要、高估／低估、最不正派、最惱人、最快解決問題的方法／最慢解決問題的方法、最簡單解決問題的方法／最難解決問題的方法、最可靠／最不可靠
3. 選擇你想排名的項目：角色、歷史人物、科學程序、句子、文章、藝術家、音樂家
4. 要求提出理由：為什麼？（學生應該使用DRAAW+C架構進行這項分析。）

範例：

D 金髮姑娘（Goldilocks）是有史以來最不正派的童話角色。

R 如果一個人的誠信或合法與否存在疑慮，他就是一個不正派的人。

A 在《金髮姑娘與三隻熊》（*Goldilocks and the Three Bears*）的故事中，金髮姑娘不僅犯下非法入侵別人家的罪行，也以多種方式侵犯熊的空間。每隻熊的椅子她都坐過，還把小熊的椅子弄壞。她在未經允許之下就決定吃掉這些熊的粥，不僅帶來病菌汙染了粥，還把小熊的粥都吃光。然後她膽大妄為地鑽到所有熊的床上，而且又一次選擇在小熊的床上呼呼大睡。

A 金髮姑娘可能會論證，她只是一個在森林裡迷路又飢腸轆轆的女孩，希望能找到食物和遮風擋雨的地方。她可能會著重表達自己的天真無辜，藉此把「最不正派的童話角色」這個標籤貼到大野狼頭上，因為大野狼對小紅帽和三隻小豬都造成巨大破壞。

W 如果像金髮姑娘這樣的人，只因為迷路就洗劫陌生人的家卻不用受到任何懲罰，便會鼓勵迷路的孩子直接闖進別人的家，而不是尋求幫助，進而讓孩子陷入危險之中。

圖七｜DRAAW+C評量指標

	三分	兩分	一分
D： 決定	明確地陳述主張，說明誰應該勝訴。	模糊地陳述主張，沒有明確指出誰應該勝訴。	沒有提出誰應該勝訴的主張。
R： 規則／法律	明確解釋本案適用的規則或法律，必要時預測或彙整法律規則。	指出應適用於本案的規則或法律，但沒有明確解釋該規則或法律為何。	沒有指出應適用於本案的規則。
A： 原告提出的論證	明確指出原告應使用且最具說服力的證據、事實和論證。	指出原告可用的證據、事實和論證，但未包含所有最相關的證據、事實和論證。	遺漏原告的所有或幾乎所有證據、事實和論證。
A： 被告提出的論證	明確指出被告應使用且最具說服力的證據、事實和論證。	指出被告可用的證據、事實和論證，但未包含所有最相關的證據、事實和論證。	遺漏被告的所有或幾乎所有證據、事實和論證。
W： 世界	明確解釋為什麼採用此決定會對公共政策（世界）較有益。	提及公共政策，但沒有明確解釋為什麼採用此結果會對世界較有益。	遺漏所有或幾乎所有涉及公共政策的論證。
C： 結論	明確陳述出彙整了重要論證的結論，而且不會提出先前階段未討論的論點。	提出結論卻沒有彙整重要論證，或在結論中提出先前階段未提及的論點。	遺漏結論。

C 因此，由於金髮姑娘的行為恬不知恥，而且這類行為會對孩子的安全造成有害影響，所以金髮姑娘是有史以來最不正派的童話角色。

各學科領域的範例：

- 數學：為某個聯立方程式求解的最佳方法是什麼？
- 英語文：將這本小說的主要角色從最糟到最佳依序排名，並解釋你的排名理由。
- 社會研究：誰是最具影響力的非裔美籍發明家？為什麼？
- 科學：要說服「地平說者」相信地球是圓的，你可以採用的最強論證是什麼？

CHAPTER 8 錯誤分析

完美主義癱瘓症（perfection paralysis）是一個亟需重視的問題。我與美國各地的學校合作時，曾請老師收集學生對一份 thinkLaw 問卷的回答，這份問卷是 thinkLaw 為了衡量批判性思考傾向而制定。根據數千名學生的答案，百分之六十八的學生至少「稍微同意」，如果他們不確定自己是否正確，就不喜歡在課堂上說出自己的答案（見圖八）。由於完美主義對學生而言是普遍存在的問題，對資優生和學業能力優異的學生而言尤其嚴重，所以這種對犯錯的恐懼會帶來巨大影響。

我最近遇到一位在某大學工學院擔任學生輔導人員的女士，她的學校在全球工學院中排名第七十五位，但她向我透露一個令人意外的祕密：有一個由雇主組成的委員會與這所大學關係密切，他們明確要求她和她的團隊「停止派遣成績優異的學生去他們的公司」。這些雇主抱怨，學業能力優異的學生無法在以失敗為基礎的產業中應對

圖八｜二〇一七年至二〇一八年thinkLaw的學生問卷結果

如果我不確定我是否正確，就不喜歡在課堂上說出自己的答案。

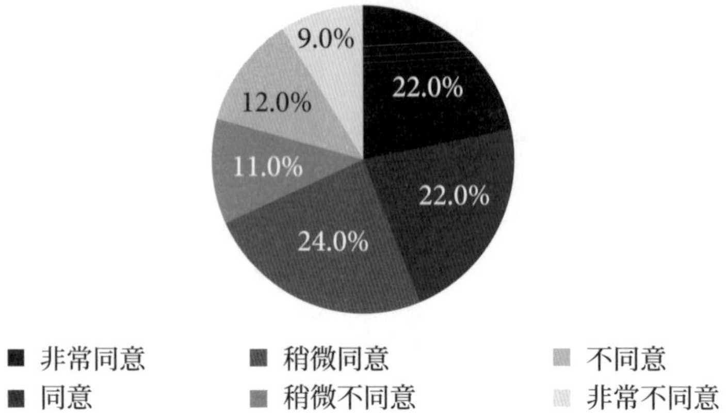

失敗。反之，雇主想要的學生必須能夠接納不完美、應對困境，並明白錯誤是學習的機會。

錯誤是律師工作的精髓。了解錯誤、減輕錯誤的影響，以及論證一方的錯誤比另一方的錯誤輕微，都是律師日常執業的一部分。

高爾夫球桿

接下來，我要用一個範例說明錯誤分析在真實法律案件中的運作方式。請思考以下這起案件[1]：

詹姆斯（十一歲）和茱迪絲

（九歲）在詹姆斯家的後院玩耍時，詹姆斯發現父親威爾斯先生留在外面的一根高爾夫球桿。詹姆斯拿起這根球桿，向地上的一塊石頭揮去。他揮動球桿時，球桿打到茱迪絲的下巴，使她的下顎骨粉碎性骨折。茱迪絲起訴詹姆斯的父親威爾斯先生。

在這起案件中，我們需要探討兩個問題：

1. 我們需要注意的錯誤是什麼？
2. 關於這個錯誤，我們需要問的最重要問題是什麼？

乍看之下，我們最關注的錯誤似乎是詹姆斯打到茱迪絲的下巴。畢竟，這是造成最大傷害的行為。然而，茱迪絲起訴的是威爾斯先生，而不是他的兒子。因此，我們真正要分析的錯誤，是威爾斯先生將高爾夫球桿留在後院的行為。

第二個問題並不容易處理。當然，如果能知道威爾斯先生將球桿留在外面的原因，一定會有點幫助。不過，無論是出於什麼考量或未經思考才導致他決定將球桿留在外面，可能都沒有「球桿在事故發生前就留在外面」這一事實重要。

當我們思考這起傷害事件時，儘管這個案子很不幸，但我們或許會開始思考造成傷害的物品本身。這是一根高爾夫球桿，不是一把槍或一把武士刀。高爾夫球桿和武士刀之間的差異是什麼？刀的設計宗旨本來就帶有危險性質；高爾夫球桿則不然。因此，我們要問的最重要問題可能是：「高爾夫球桿本身是危險物品嗎？」或者，如果我們扮演茱迪絲的律師，那麼我們可能會問，當詹姆斯這樣的十一歲兒童手上拿著高爾夫球桿時，球桿是不是危險物品？無論如何，著重分析錯誤的這個做法，都與大多數學生習慣的分析方法截然不同，所以做為thinkLaw策略之一的錯誤分析才會如此效用強大。

你可以使用兩種特定的thinkLaw策略來著手分析錯誤，以此進行批判性思考。這兩種策略是：（一）哪個錯誤比較正確？和（二）喬·施莫（Joe Schmo）會怎麼做？

哪個錯誤比較正確？

請解開此方程式：$2x + 8 = 20$

這是一個以技能為基礎的基本問題，只能用來評估學生是否能執行解出兩步驟方程式的常規程序。如果你希望在課堂上提高這類問題的嚴謹度，可以詢問類似以下的

圖九｜哪個答案比較正確？

$2x + 8 = 20$	$2x + 8 = 20$
$2x = 10$	$2x = 12$
$x = 5$	$x = 10$

問題：

柯林想要解出這個問題。他犯了什麼錯？

$2x + 8 = 20$

$2x = 10$

$x = 5$

如果你想使用錯誤分析做為應用DRAAW+C批判性思考架構的方法，可以要求學生檢視至少兩個錯誤答案，然後詢問他們哪個答案比較「正確」。在這個數學問題範例中，你可以將整間教室的學生分為兩組，各組代表一個錯誤答案，如圖九所示。一組擔任左方的律師，另一組則代表右方。解決這個問題的策略是由兩個部分組成。首先，學生需要針對己方的錯誤，想出最無辜的解讀。然後，他們需要針對敵方的錯誤，想出最愚蠢的解讀。

代表左方的學生可能會將左方的錯誤稱為輕微的減法錯誤。「20 - 8」的答案應該是12，但10已經很接近了。此外，

x＝5與正確答案x＝6只差1而已。如果我們開始進行往回推衍的驗算過程，將x＝5代入2x＝10這個方程式，就會發現這一步計算的答案正確。另一方面，在右方的錯誤中，解題者雖然正確執行第一步，但他不知道兩步驟方程式需要執行兩個不同步驟才能得出答案。解題者顯然不知道，2x是一個需要除法逆運算的乘法表達式。

然而，右方的答案並不是毫無可辯護之處。左方認為解題者只是犯了一個輕微的減法錯誤，而代表右方的學生可以批評左方的主張，說這不只是減法錯誤而已，而是在解題的第一步就出錯了。如果解題者在第一步就搞錯了，那根本無藥可救！此外，這甚至可能不是一個簡單的減法錯誤而已。解題者也可能犯下另一個令人吃驚的錯誤，那就是將2x和8加起來得出10，然後直接把2x用於下一步。如果為右方辯護的學生想要發揮創意，他們可能會主張，右方解題過程的每一行其實都是正確的。方程式兩邊都減掉8，能正確得到2x＝12這個方程式。x＝10也是正確的（只要把x當作羅馬數字就沒問題了）。

我們先在這裡暫停，思考一下學生進行這項分析時會使用哪些認知技能。他們不再詢問「什麼」和「如何做」，而是已經進入「為什麼」和「如果」的世界。他們正在超越後設認知，不再只是思考自己的思考過程了。如今，他們開始假設別人的思考模式並進行分析，還會比較評估這些模式。

在DRAAW+C架構中使用錯誤分析的技巧時，學生的回答可能是這樣：

D 左方比較「正確」。

R 如果要解出一個兩步驟方程式，你必須採用正確的逆運算來消除所有常數和係數，將變數孤立出來，直到最後方程式的一邊為變數，另一邊為數值。

A 左方在第一步犯了一個輕微的減法錯誤，但在那一步之後正確完成解題。左方的最終答案也比較接近實際上的正確答案。

A 右方在第一步正確執行減法，但在第二步需要使用除法時卻使用減法。不過，這兩次運算都正確執行。

W 如果右方獲得的分數比左方多，我們就會生活在一個計算準確度比理解概念的能力更重要的世界。如果你本來該使用除法運算，誰會在乎你的減法是否正確呢？如果你經營一家銀行，那麼相比之下，在該使用減法時犯了減法錯誤，以及在該使用除法時正確執行減法，前者的錯誤遠遠較小。

C 因此，在這個問題上，左方應該獲得更多分數。

針對這個問題使用錯誤分析，是利用戲劇性效果和衝突的有效方法，而戲劇性效果和衝突往往能激發學生的動機與能動性。「不想學數學」的學生依然會對戲劇性效果和衝突感興趣。此外，這種方法能為學生提供絕佳機會來體驗有意義的數學寫作。數學寫作往往僅限於解釋如何解決問題；但把DRAAW+C和錯誤分析結合起來，就會產生一種更深思熟慮、更有組織，而且能轉換到所有學科領域的論說文形式。

喬・施莫會怎麼做？

還有另一種方法，也能讓學生在運用批判性思考時改變對錯誤的態度和心態，這個方法就是把注意力放在喬・施莫身上。喬是我在課堂上創造的虛構人物，他總是上陷阱題的當，他都不仔細閱讀指示，他沒有完成解題需要的所有步驟。我們都認識喬・施莫，而且我可以證明這一點。

假設我看到一件售價二十美元的T恤，然後發現這件衣服今天有百分之十的折扣，這件衣服的最終價格是多少？與其求解最終價格，不如想像一下，假設我們正在參加益智節目《家庭問答》（*Family Feud*），而且已經訪問一百名喬・施莫，確認好一件售價二十美元、折扣百分之十的衣服最終價格。喬・施莫最先給出的答案會是什麼？

如果你與內心的喬·施莫建立正確連結，你的答案就會是十。喬·施莫很有可能看到二十美元、看到百分之十，然後忽略百分號，最後直接從二十減掉十。如果這是一道選擇題，你或許還會信心滿滿地打賭，十是可能的答案。

讓我們更進一步吧。在玩《家庭問答》時，喬·施莫還可能會提出哪兩個答案呢？這件T恤售價二十美元，有百分之十的折扣。喬·施莫絕對有可能選擇兩美元當作答案。喬·施莫或許對百分比問題有一定的了解，所以他將二十美元乘以百分之十，得出二這個答案。他看看答案選項，兩美元當然是選項之一，因此，他解完這道題了！他也有可能會犯另一種錯誤：他發覺他必須從二十美元扣除百分之十，於是，他把百分之十轉換為〇點一，再從二十美元減掉〇點一，得到十九點九美元當作答案。

標準化測驗不會消失，但教育工作者不需要將這類考試視為讓課堂變得毫無生氣的死記硬背訓練。我們可以幫助學生為嚴謹的測驗做好準備，同時建立嚴謹又吸引人的批判性思考活動。你可以思考如何利用喬·施莫策略，讓學生自行想出選擇題的答案。

喬·施莫在這方面會很有幫助。如果我們要求學生針對類似上述範例的選擇題提出自己的答案，往往會出現非常荒謬的答案。學生會把正確答案「十八美元」當作選項之一，但他們的其他三個選項會是四千萬美元、負七十五萬美元、「彩虹」。但當我們要求學生只列出喬．施莫能合理提出的答案，藉此限制他們的奇思妙想，就代表我們要求他們做出合理的預測和推論。如此一來，我們能幫助他們建立設身處地思考他人想法的習慣，進而再次創造出讓人變得更有同理心的機會。事實上，我們正在創造一個學生期待備考季到來的世界。關於使用批判性思考應對標準化測驗的策略，我將在第十五章更詳細討論。

錯誤分析的範例

哪個錯誤比較正確？

「哪個錯誤比較正確？」是一種將批判性思考融入問題解決過程的靈活方法，這種方法讓思考者針對兩個以上的不正確解法評估是相對「正確」的。

數學：建立一個範例，以兩個不同的錯誤方式回答同一問題。有一種常用訣竅是，一個錯誤以計算錯誤為基礎，另一個錯誤以概念誤解為基礎。設好問題後，就能將全班分成兩組，每組學生各「代表」其中一個不正確的解法。如果你想採用差異化策略，可以將更具挑戰性的錯誤分配給資優生和學業能力較好的學生進行辯護。你也可以採用另一種差異化策略，就是根據學生能力提供不同詳細程度的解釋，並讓學生預測導致錯誤答案的不正確步驟，藉此提高嚴謹度。當你要求學生解釋自己得出的答案時，可以鼓勵他們不僅要針對錯誤找到最無辜的解讀方式，也要針對另一方的錯誤找到最糟糕的解讀方式。

以下是一道有兩種可能答案的問題範例。圖十列出雙方的解釋和理由。

蘇拉有八顆蘋果。她的母親從蘋果園帶回四十八顆蘋果，全部送給蘇拉。蘇拉現在有幾顆蘋果？

A學生的答案：蘇拉有一百二十八顆蘋果。

B學生的答案：蘇拉有四十顆蘋果。

兩個答案都是錯的。哪個答案比較正確？請解釋。

英語文：使用與數學範例相似的技巧，但依據文法、文章組織架構、主詞動詞一致性等方面的兩個錯誤，建立供學生討論的錯誤。

圖十｜詳細範例：哪個錯誤比較正確？

	A學生	B學生
較少細節	蘇拉有128顆蘋果。	蘇拉有40顆蘋果。
較多細節	48 + 8 ——— 128	48 − 8 ——— 40
錯誤說明	A學生進行正確運算，但沒有把數字對齊到正確的位值。A學生的最終答案與正確答案的差距較大。	B學生沒有進行正確運算。但B學生的數值計算是正確的，且注意到8的正確位值。
為什麼你這一方比較正確？	A學生知道，如果蘇拉的母親給她蘋果，她應該有更多蘋果。B學生的結論是蘇拉擁有的蘋果比起初更少，在邏輯上的錯誤遠遠更大。	B學生在閱讀問題時犯了一個小錯。B學生以為問題的意思是蘇拉起初有8顆蘋果，最後有48顆蘋果（亦即蘇拉獲得多少顆蘋果？）。雖然B學生誤解問題的意思，卻能正確計算答案。另一方面，A學生則缺乏對簡單加法的基礎理解。要是A學生用手指算數，得出的答案可能還會比較準確。

科學：分析因帶有偏誤或瑕疵程序而可能導致資料不可靠的實驗，讓學生分析哪個實驗的結果最「正確」。

社會研究：學生可以針對同一議題，分析兩種都在誇大事實和挑選最有利事實的不同宣傳品。他們可以辯護哪一方最「準確」。不論議題為何，重要的是提前分組，並仔細考慮每個範例提供的詳細程度，以此做為差異化策略。

CHAPTER

9 調查與證據開示

普羅大眾認為出庭律師所做的事，與他們實際做的事並不一樣。無論我們想的是刑事或民事律師，我們在電視和電影上見到的律師形象，都是不斷在法庭上提出論證、質詢證人，以及發表充滿詩意的開場陳述和終場陳述。但在現實中，所有刑事或民事案件的絕大多數時間都花在調查和證據開示上。

身為教育工作者，當我們思考那些必須幫助學生培養的批判性思考技能和傾向，光是能提出好問題並不足夠，我們也希望確保學生可以對自己提出好問題。我們希望學生建立研究本能，在腦中創造出一道有助益的聲音，能提出如下問題：

- 我該從哪裡著手？
- 我已經知道什麼？
- 我接下來該做什麼？

- 我怎麼知道那是對的？
- 我為什麼該相信你？
- 到底發生什麼事？
- 我還需要知道什麼？

接下來，我們用一個大家耳熟能詳的案子「里貝克訴麥當勞餐廳案」（Liebeck v. McDonald's Restaurants，一九九四年）來模擬上述過程。

燙手咖啡

克里斯帶七十九歲的祖母史黛拉去麥當勞買了一杯咖啡。克里斯負責開車，他們付了四十九美分買咖啡，然後克里斯開車前進，把車停在路邊（車子完全靜止），讓祖母可以把奶精和糖加進杯裡。史黛拉想要打開杯蓋，卻把咖啡灑在自己的膝上，導致三度燙傷。於是，史黛拉起訴麥當勞。

在我們對此案進行任何分析前，我想先暫停一下。我們回到史黛拉把咖啡灑在自己身上的那一刻，並詳細解釋咖啡翻倒之後三十分鐘內發生的事情。她或許去了醫院、看了醫生等等，但咖啡翻倒之後，緊接著發生什麼事？

請想像當時的情況。克里斯和史黛拉去麥當勞得來速購買咖啡。克里斯把車停在路邊，讓史黛拉可以將奶精和糖加進杯裡。史黛拉灑出咖啡。緊接著下一個動作是什麼？如果你想到尖叫，那你或許想得沒錯。三度燙傷通常非常嚴重，甚至可能見骨。當她坐在車裡，身上灑滿滾燙的咖啡時，她所做的事就只有尖叫而已嗎？不，她或許會下車，然後驚慌失措地想要甩掉身上的咖啡。這件事發生時，她周圍會發生什麼事？我們知道她當時在停車場，所以周圍或許有其他人。如果這件事發生在今天，一定會有人拿出智慧型手機錄下這一幕，然後上傳到社群媒體，心想：「噢，這支影片絕對會爆紅！」但在一九九〇年代初期還沒有智慧型手機，旁觀者或許會比現在更快嘗試幫助史黛拉。

他們可能提供什麼幫助？或許有人拿出紙巾，或許有人跑進麥當勞告知經理，試圖取得一些急救措施。或許也有人打電話叫救護車，他們怎麼打電話呢？在一九九〇年代初期，有人可能擁有老式的巨型手機，或是既不可靠又充滿雜音的汽車電話。不過，他們更有可能是用麥當勞的市話叫救護車。克里斯有沒有等待救護車抵達呢？不一定，這可能取決於醫院有多遠。但是，假設克里斯開車載祖母去醫院，接下來發生什麼事？醫院人員有沒有給這名七十九歲老婦一大堆文件，然後說「請坐，三小時後看診」？或許沒有。或許在醫生看診之前，已經有人迅速處置史黛拉的創傷。

暫停是很有效的策略。如果我們腦力激盪，想像接下來三十分鐘內會發生什麼事，認知技能就可以派上用場。我們會做出預測和推論，並應用背景知識建立一條複雜且詳細的可能時間線。這與律師剛接到案子時所做的腦力激盪並無差別；律師此時只知道一些小細節，來自客戶講述的事發經過或警方報告上的資訊。暫停和腦力激盪有助於建立必要的批判性思考傾向，這讓學生能在閱讀一段文字後心想：「糟糕，拜託不要走進那個山洞。那個洞裡不會發生什麼好事。」接著讀了幾頁之後，他們就會說：「看吧！我就說不要走進那個山洞。」

暫停之後，我們現在的狀態比較適合思考麥當勞案的調查了。在民事訴訟中，證據開示期讓被告和原告雙方有機會建立和交換證人名單、要求各項證據，以及向另一方詢問一系列初始問題。證人不限於目擊者。事實上，在這類案子中，實際事發經過並不存在太多疑點（史黛拉將咖啡灑在自己身上，結果被咖啡燙傷），因此我們大概不需要很長的目擊者名單。反之，我們想要納入考慮的證人，必須能幫助史黛拉證明麥當勞因為輕率的做法、政策及程序，導致她遭到極大疼痛和折磨。麥當勞則會希望有證人證明，該公司的內部運作沒有任何疏失，而且如果要釐清責任，那麼史黛拉才是犯下過錯的那一方。

我們在列出證人時，應該思考（一）證人的證詞會對本案有什麼影響，和（二）這名證人可能有什麼偏見？有些證人的偏見可能比較少，但每個證人都有一定程度的偏見。我們從證人開始著手，先快速考慮最明顯的幾位。史黛拉、克里斯、治療史黛拉的醫生、在場的麥當勞員工、可能在停車場或餐廳目擊事發經過的其他顧客，全都是證人。我們再深入調查，如果你是史黛拉，你會想要傳喚什麼樣的證人，證明麥當勞的做法過於輕率呢？為了證明麥當勞輕率行事，我們或許需要證明咖啡太燙，也要證明麥當勞的做法不安全。

要達成這一目標，我們可以與專家證人討論咖啡溫度。不過，專家可能說得太專業，所以陪審團不一定了解專家的意思。有沒有更務實的證人能幫助我們呢？咖啡機製造公司的員工怎麼樣？如果能了解適當使用和維護咖啡機的方法，並比較正確程序和麥當勞所用的程序，一定會非常有幫助。製造咖啡杯和杯蓋的公司也同樣有幫助。比起與領著最低工資、負責倒咖啡和提供咖啡的員工交談，或許更重要的是與漢堡大學（Hamburger University）的咖啡製作課程講師交談，麥當勞就是在那裡培訓經理。

為了確認創傷程度，我們當然會想要與為史黛拉治療燙傷的醫生交談。不過，為了了解她在這次受傷前的情況，與平日看顧史黛拉健康的家庭醫師交談可能更有效。我們想知道在這次事件之前，史黛拉是否會跑馬拉松；我們也想知道她的雙手是否罹患關節炎，或者她是否罹患其他疾病，例如帕金森氏症，這能幫助我們了解導致咖啡翻倒的可能原因。

我們可能需要發揮更多創意。我們可能想與其他購買麥當勞咖啡的顧客交談，特別是與史黛拉相同年齡層的族群。我們當然也想檢視一些「惡意揣測」的想法，例如「要是麥當勞不想提供長者優惠了呢？」我們也不該只著眼於麥當勞，而是該與漢堡王、溫蒂漢堡、星巴克甚至當地餐館的代表人員交談，以確認他們的咖啡溫度。

考慮這些證人，將有助於引導我們找到所需收集的證據。我們當然想看到史黛拉的燙傷照片、克里斯車上的咖啡潑濺汙漬，甚至是史黛拉當天的穿著。她當天的衣服布料是不是更容易吸收潑灑出來的咖啡？她當天有沒有穿迷你裙？克里斯的車當時處於完全靜止狀態，但我們可能想要對此進行更詳細的分析，確認副駕駛座是否出現任何可能導致座椅意外滑動的問題。我們或許希望麥當勞提供其他發生咖啡燙傷的顧客名單，並了解麥當勞從前如何解決這些案件。

如果我們是麥當勞的律師，或許會希望從其他競爭同業收集類似資訊。我們也會想知道，史黛拉是否具有任何可能導致她的說法遭受質疑的性格問題。如果史黛拉每個月都會提出新的無聊訴訟，這則資訊就會幫助我們建立她的負面形象。

一旦我們拿到證人和實物證據的清單，就更容易提出許多問題。從你聽到這個案子的事實開始，你的腦中或許已經出現無數個問題。這杯咖啡有多燙？史黛拉的皮膚有沒有任何會導致這種燙傷的問題？每當你找到一名證人、一項證據，或許就能再添加五到七個問題。圖十一是一份範本，記錄了證人、證據、問題的相關資訊。

從這裡開始，情況就變得很有意思了。當案件一方的律師向另一方提出這些證據開示請求時，很少能準確獲得所要求的內容。反之，對於這些受要求提供的文件、實物證據、證人訪談，另一方只會提供剛好足夠的資訊，使律師產生比最初還要更多的問題。在這個「燙手咖啡」的範例中，我會藉由限制這一步透露的資訊量來模擬這種常見做法。以下是我這次透露的資訊：

- 史黛拉拿到的咖啡溫度介於攝氏八十二至八十八度。在這個溫度範圍，咖啡能在碰到皮膚的數秒內就導致三度燙傷。
- 這杯咖啡的溫度比其他餐廳的咖啡高大約攝氏十一度，也比在家製作的咖啡高十七度。

- 在史黛拉的事故發生前的十年內，麥當勞已收到大約七百件關於咖啡溫度的投訴，其中也包括顧客因咖啡灑出導致三度燙傷的案例。
- 這杯咖啡導致史黛拉全身有百分之十六的面積發生三度燙傷，包括大腿內側和私處。她住院八天，必須進行植皮（將身體一個部位的皮膚移植到另一個部位）、花兩年時間復健，而且外表遭到永久性損傷。在受傷期間，史黛拉的體重減輕超過九公斤，掉到三十八公斤。

請看前兩點關於溫度的資訊，你有沒有其他問題？你可能會想問「為什麼？」。為什麼麥當勞要以會導致立即燙傷的高溫煮咖啡？為什麼他們的咖啡會比其他餐廳的咖啡燙很多？如果我們是為麥當勞辯護的律師，或許會想知道是否有一些合理原因能解釋咖啡為何這麼燙。或許有關於顧客服務的合理原因……如果這次事件發生在二月的芝加哥呢？因為員工從窗口伸手遞出咖啡時，咖啡就會接觸到非常冷的空氣，所以麥當勞希望在得來速提供的咖啡比正常溫度更高，這是很合理的。

過去十年內有七百人提出因咖啡導致燙傷的類似投訴，這一事實或許又會引發一系列問題。我們想知道麥當勞是否有採取任何行動來回應這些投訴。我們也想知道這

圖十一｜空白調查表

證人	證據	問題

些投訴的地理分布：這些燙傷案例是來自同一間麥當勞餐廳、一小部分麥當勞餐廳，或是美國各地的麥當勞餐廳呢？我們也想調查這些燙傷案例的時間線。如果先前八年幾乎沒有投訴，但最近兩年的投訴大幅增加，一定會很明顯。最後還有一件同樣重要的事，我們是不是也該注意分母？七百聽起來或許是很大的數字，但要是麥當勞在過去十年內賣出七百兆杯咖啡呢？

當你得知史黛拉的燙傷程度後，有沒有想問的問題？住院八天、復健兩年、植皮、全身百分之十六的面積發生三度燙傷，聽起來比我們原本想像的咖啡翻倒後果更嚴重。你可能會先試圖了解，這次事件中有哪些細節導致她的燙傷如此嚴重。其他七百名發生三度燙傷的人也傷得這麼重嗎？我第一次得知這些事實時，就問自己一個你或許也會想問的問題：我原先為什麼會自動假設史黛拉的案子很無聊？我對於自己不假思索就排斥她的案子而感到抱歉，或許你也有相同感受。你對此案的直覺反應以及你在開始了解事實後的反應，反思兩者有何差異，能協助進一步建立有益的懷疑態度，這是非常重要的批判性思考傾向之一。

現在，我們進入最後一輪的證據開示。我們即將獲得一系列關於本案的全新事實。以下是我們在最後一輪證據開示後所知道的情況：

- 麥當勞每年賣出數百萬杯咖啡，他們並不認為十年內有七百件投訴是很大的數字。
- 麥當勞咖啡這麼燙的原因之一，是麥當勞發覺在極高溫度下，員工可以用較少咖啡豆煮出相同濃度的咖啡。
- 史黛拉起初只要求賠償兩萬美金以支付她的醫藥費，而麥當勞雖然已是市值數十億美元的跨國公司，卻只願意給她八百美金。

在實際判決的尾聲，陪審團對麥當勞的行為感到非常不齒，所以決定史黛拉能獲得二十萬美元做為損害賠償，而法官在認定史黛拉需要為自己的燙傷負百分之二十的責任之後，將損害賠償減少四萬美元。陪審團也判給史黛拉兩百七十萬美元的懲罰性賠償，以遏止麥當勞和其他可能更注重利潤而非消費者安全的餐廳未來繼續發生類似的不當行為。後來，審判長將史黛拉的總損害賠償金降到六十四萬美元。儘管如此，但當時站在企業那方的遊說團體已經透過嘲弄此案來影響公眾情緒。由於普羅大眾無法拋棄自己直覺產生的判斷，所以此案導致美國民事訴訟系統進行改革，讓民眾更難提出合法索賠。

將thinkLaw策略的調查與證據開示技巧運用在教學策略時，可產生巨大影響。想像一下，如果我沒有按照上述過程慢慢透露這些事實，而是決定完全不透露，你或許不會太高興，因為你已經有所期待，想知道後續情況。我本來可以只要求你閱讀一篇關於麥當勞熱咖啡訴訟的三段式文章，然後回答五個相關問題，但我故意製造更強的懸念感。這種策略是模擬在電視上快速切換頻道的感覺。你偶然發現電視上在播一集偵探推理劇，而且剛開播兩分鐘。當慢跑跑者在草叢中發現屍體的那一刻，你就知道接下來五十八分鐘不用做其他事了。

調查與證據開示的範例

以下是將這項策略融入課堂的一些實用想法。

英語文

- 閱讀時暫停一下，要求學生針對接下來可能發生的事做出預測和推論。這項策略在作者使用伏筆時特別有效。
- 從最後一行或最後一頁開始讀一首詩或一本書，這項策略能讓學生根據結尾倒過來預測作品的開頭和中段。
- 在學生閱讀繪本或聽老師讀繪本之前，讓他們參照繪本的圖片寫作或講述故事。

數學

對於能透過模式和趨勢理解的數學詞彙，例如函數、質數或方根，可以使用證據開示策略讓學生預測其定義。例如，你可以建立以下的一系列表格（將表格依序發給學生），然後提出與表格相對應的問題：

3	質數
5	質數
7	質數

質數的定義是什麼？（學生或許會認為質數是奇數。）

9	合數
11	質數
13	質數
15	合數

質數的定義是什麼？合數的定義是什麼？（學生或許會注意到，九和十五都有一以外的因數，而十一和十三沒有。）

4	合數
6	合數
8	合數
10	合數
12	合數
14	合數
17	質數

質數的定義是什麼？合數的定義是什麼？你有改變原本提出的定義嗎？為什麼？

（學生或許會維持與先前一樣的定義，但可能更詳細解釋偶數一定是合數。）

0	非質數 也非合數
1	非質數 也非合數
2	質數

質數的定義是什麼？合數的定義是什麼？為什麼○和一不是質數也不是合數？你有改變原本提出的定義嗎？為什麼？（這個範例會強迫學生質疑自己原先的假設：○和二是偶數，但不是合數。他們也必須弄清楚○和一既不是質數也不是合數的原因。）

在這整個過程中，當學生提出的定義受到挑戰時，他們恍然大悟的那刻會讓他們更難忘記質數和合數的定義。

社會研究

- 探討一場戰爭時，使用不完整的時間軸，然後要求學生預測戰爭之前發生的衝突。
- 歷史充滿各方之間的談判，但這些談判不一定都有完整資訊。舉例來說，你可以考慮路易斯安那購地案（Louisiana Purchase）和法國以極低價格將這片領土賣給美國的決定。將這次事件變成一場活動，讓學生調查法國為什麼同意這樣的交易。學生可以找出他們想要交談的可能證人、想要分析的關鍵文件、想要詢問的重要問題。然後就跟燙手咖啡案一樣，你可以慢慢透露促成這次交易的因素，包括海地革命（Haitian Revolution）。

科學

- 學生可以分析任何現象，例如化學反應、植物生長、地球暖化等，並預測這些現象的成因，藉此誘導學生學習這些問題。
- 不要讓學生透過背誦定義來分類火成岩、變質岩和沉積岩，而是讓他們分析不同類型的岩石，由他們自行分類。你可以要求學生注意重要特性，例如結晶、玻璃質表面、帶狀或條狀層、氣泡、砂礫。一旦他們開始將這些岩石分類，就有可能辨別出這三類岩石的特性。

CHAPTER 10

和解與談判

請回想你上一次跟年輕人說「你應該當律師」的情境，為什麼你會這麼說？我們經常告訴喜歡爭論和講話滔滔不絕的孩子，說他們應該當律師。這真是大錯特錯。

在民法和刑法的場合中，絕大多數案件都沒有進入審判階段，而是以和解告終。因此，總是捲入其他學生衝突的學生，才是我們應該鼓勵攻讀法律學位的學生。你一定認識那些學生，有些女孩總是會在與自己無關的衝突中，自願擔任首席談判代表；有些男孩是天生的調停專家，每個人遇到衝突時都會來找他。這種和解本能的精髓，是學習在不令人討厭的情況下表達不同意見。我們經常將「能夠找到共同點」這類技能視為「軟技能」，但這些技能才是最難教導的技能。

以下這個實際法律案例可協助說明，thinkLaw 策略的和解與談判技巧如何轉變為實用的批判性思考架構。

狂吠不止的狗

凱倫和約翰住在奧瑞岡州，養了幾隻狗。[1]他們也在家中養雞和其他動物。他們的狗是藏獒，體重將近七十公斤。這些狗很吵，每天早上大約五點就開始吠叫，並持續一整天。戴爾和黛博拉是他們的鄰居，在凱倫、約翰及他們的藏獒搬到隔壁之前就住在這裡了。因為狗叫聲很吵，戴爾和黛博拉難以入眠，在家時也無法得到片刻安寧。政府的動物管制部門已經因為噪音違規處罰過狗飼主，但狗飼主並未停止發出噪音。幾年後，鄰居因為狗叫聲太吵而起訴狗飼主。鄰居請求法院判決狗飼主丟棄這些狗，並支付超過二十萬美元，以賠償過去數年來因為狗叫聲太吵而導致的損害。如果你是狗飼主，會想要怎麼解決這個案子？

不出所料的是，學生最常建議的反應是要求鄰居搬走，卻沒注意鄰居才是先住在那裡的人。如果沒有建立適合用於協調這類衝突的架構，我們很容易困在這種有所侷限的二元模式裡。鑑於當今社會的對話趨勢，學生往往會爭論「丟掉你的狗」或「你不喜歡就離開！」，這是預料之中的情況。幸運的是，有一套用於開啟調查的三階段系統，稱為ＤＩＭ流程（確定Determine、辨識Identify、提出Make），能協助創造更有創意、更跳脫框架的解決方案，便能應對難以處理的衝突。

DIM流程

1. **確定問題**，並詢問「為什麼」，直到你可以確定潛在利益為止。
2. 如果你無法達成和解，**應辨識**出有可能達到的結果中最實際、最好的結果（亦即你的BATNA，意思是「談判協議的最佳替代方案」）。
3. **提出**有創意的提案，以優於BATNA的方式處理潛在利益。

如果要練習這個流程，你可以想像自己是管理紐約市一棟辦公大樓的經理。在那裡工作的租戶每天都會抱怨電梯很慢，但換成速度較快的型號需要花費數百萬美元。你需要申請昂貴的許可及處理各種石綿問題，這可能讓你的大樓無法繼續使用。不過，你想要解決這個問題。讓我們來找出問題和利益吧。

這是一個非常明顯、非常直接也非常表面的問題。在這個案例中，大樓租戶最明顯的問題就是電梯速度太慢。從問題考量到利益時，我們必須了解為什麼這個問題對受影響的一方如此重要。為什麼這棟辦公大樓的租戶介意電梯太慢？原因絕對不是大家都很想去上班。請把自己設想為在這棟大樓內工作的人，你要去上班，按下電梯按鈕，電梯超級慢。為什麼電梯太慢會讓你困擾？因為你只能站在原地等待，非常無聊。你覺得不耐煩，等待令你感到煩躁。

如果你不去試圖解決電梯太慢的問題，反而著重於讓等待過程不那麼無聊所帶來的利益，那你就能提出一些充滿創意的解決方案。你可以在電梯內外安裝鏡子，如此一來，租戶就不會焦急地等待，而會把時間花在確保自己看起來精神飽滿。你也可以在電梯裡播放音樂。要播幫派饒舌還是龐克搖滾呢？都不要，應該播肯尼吉（Kenny G）！美好悠揚的爵士樂能稍微減少煩躁感。當要解決爭端，大家通常都會使用標準的正面交鋒手段，但實際運用ＤＩＭ流程時，幾乎總是能產出更有創意、更切實可行的解決方案。

既然我們現在已經了解這項策略，就再看一次前述案例的事實：

> 凱倫和約翰住在奧瑞岡州，養了幾隻狗。他們也在家中養雞和其他動物。他們的狗是藏獒，體重將近七十公斤。這些狗很吵，每天早上大約五點就開始吠叫，並持續一整天。戴爾和黛博拉是他們的鄰居，在凱倫、約翰及他們的藏獒搬到隔

壁之前就住在這裡了。因為狗叫聲很吵，戴爾和黛博拉難以入眠，在家時也無法得到片刻安寧。政府的動物管制部門已經因為噪音違規處罰過狗飼主，但狗飼主並未阻止狗發出噪音。幾年後，鄰居因為狗叫聲太吵而起訴狗飼主。鄰居請求法院判決狗飼主丟棄這些狗，並支付超過二十萬美元，以賠償過去數年來因為狗叫聲太吵而導致的損害。如果你是狗飼主，會想要怎麼解決這個案子？

為了開始進行DIM流程，我們希望狗飼主能確認鄰居的問題和利益。讓鄰居感到困擾的最明顯、最直接也最表面的問題，就是持續不斷的狗叫聲。為什麼狗叫聲會讓他們困擾？我們可以假設，如果狗持續吠叫，鄰居就無法入睡。狗叫聲會吵醒他們，也讓他們難以集中注意力。那為什麼這件事會讓他們困擾？其中有沒有潛在利益？一般來說，這可能與鄰居的家庭歸屬感有關。大多數人都有一種基本期待，就是在家裡可以享受祥和安靜的感覺。因此，鄰居的利益正是維持祥和安靜的感覺。

如果狗飼主誠實評估自己的BATNA，就會很快發覺，訴訟結果可能對他們不利。狗飼主已經因為噪音違規而受過處罰，如果狗飼主無法與鄰居達成協議，他們的過往紀錄也許會使法院和可能存在的陪審團嚴厲對待他們。他們用BATNA進行實際評估後，或許會承認他們最後絕對是犯錯的那方，而且必須因此付出代價。或許罰款最後不會高達二十萬美元，但金額可能不少。飼主也很有可能必須丟掉狗。如果他們仔細考慮保護寵物安全的利益，就會發現BATNA實在對他們太不利，或許不值得冒險為這件事打官司。

如果我們需要為雙方提出初步提案，我們應該思考可以怎麼幫助鄰居獲得祥和安靜的生活，同時飼主也不需要丟掉狗和賠償二十萬美元。或許飼主可以付錢讓狗接受訓練，使牠們不再一天到晚持續吠叫。我們或許能夠與鄰居達成一項協議，由狗飼主付錢幫鄰居的家安裝更好的隔音設施和隔音窗。重點是我們現在擁有更多選項了，當我們只關注鄰居的問題時，這些選項並不存在。

在現實生活中，這起案件的判決結果令人吃驚。奧瑞岡州陪審團判定鄰居可獲得超過二十萬美元的損害賠償，並強制要求狗飼主帶狗去割聲帶，這種手術是將狗的聲帶整形，以降低狗吠叫的音量。如果狗飼主不希望狗接受割聲帶手術，就必須丟掉狗。要是當初狗飼主願意嘗試使用DIM流程解決衝突，就有可能避免上述結果。

在當今世界，教師除了承擔範圍廣泛的責任之外，也必須教導社會情緒學習，而DIM流程是一種方便又省時的策略。在嚴謹學業和社會情緒學習之間擇一是錯誤的做法，必須兼顧兩者才正確。教導學生有效的衝突談判技能，可以幫助他們在不令人討厭的情況下表達不同意見，並在團隊情境下與人合作及解決問題，使他們的工作更有效率。

和解與談判的範例

以下有幾種策略，使用ＤＩＭ流程做為教學批判性思考的架構。每種策略都要求學生找出表面問題，然後深入探索「為什麼」以確認利益。

英語文

為小說和短篇故事編寫出能滿足角色利益的另類結局。以《人鼠之間》（*Of Mice and Men*）為例，要求學生思考，如果想讓雷尼（Lennie）擺脫悲慘命運，喬治（George）可以考慮其他什麼選擇。然而，學生不能隨興編造一個新結局，例如「一艘太空船到來，將雷尼帶去火星，因為他其實是來自外太空的外星人」。合理的另類結局必須滿足雙方的潛在利益。在書中結尾，喬治的問題是他對雷尼非常失望。為什麼喬治這麼失望？或許是因為喬治從小說開頭就必須忍受雷尼的各種問題，他們剛因為雷尼犯下的錯誤而離開一座城鎮，喬治花了一大堆時間照顧雷尼，雷尼卻一再犯下相同錯誤，喬治對此感到厭倦。有沒有其他解決方案能滿足喬治的利益呢？

社會研究

要求學生訂立一份和平協議的條款，這份協議可以透過滿足雙方的潛在利益來預防戰爭發生。

數學與科學

在解決具挑戰性的數學和科學問題時，解決問題的習慣和心態是最重要的層面之一，卻經常受到忽視。學生無法解出一道數學問題時，往往會說問題在於「我的思路卡住了」或「我不知道該怎麼做」。不過，幫助學生深入探索「為什麼我的思路會卡住？」等問題，能夠經由後設認知過程釐清問題。此外，這種出聲思考的過程也能幫助學生制定解決問題的策略。

例如對頁題目，我會鼓勵及明確教導學生在腦中進行如下對話：

求解N、O、V、A（每個字母代表不同數字）

$$\begin{array}{r} \text{NOVA} \\ \times\ \ \text{A} \\ \hline \text{AVON} \end{array}$$

為什麼我的思路會卡住？因為我不知道N、O、V、A是什麼。

有線索嗎？我沒看到。

假如我知道自己在做什麼，那會怎樣？我的第一步會是什麼？我想我會求解A。

為什麼？因為問題裡有三個A，而且A是乘數。

我對A有任何了解嗎？沒有。

我知道A不是什麼嗎？知道！A不可能是〇或一，因為NOVA乘以〇等於〇，NOVA乘以一會是NOVA。

所以，我覺得A是什麼？

如你所見，使用探索式問題將問題轉換為利益，也是一種有效且實用的方法，能讓學生有意識地進行後設認知，進而應對思路卡住的感覺。

CHAPTER 11 競賽

法學院教授的評分方式，與教導大學生和研究生的教授相當不同。在研究所，如果學生閱讀文獻並撰寫內容紮實的論文，就能得到A的成績，而法學院與研究所的評分方式有兩個很重要的差別：第一，法學院教授是根據一條強制性曲線為學生評分，這表示假設在一個有三十名學生的班上，所有學生都能熟練掌握重要的法律觀念和原則，但強制性曲線可能將成績中位數設於B-，並明確限制教授可分配的A數量。第二，法學院教授批改的是彌封試卷，這表示大多數法學院教授都會以最佳至最差的順序排列考卷，然後用曲線判定成績。

如果想要拿到最頂尖的成績，只懂法律是不夠的。如果學生僅僅是不加思索地照搬法令和法律規則，或許只能拿到C-。如果他們能將事實充分應用於法律，並進行相當不錯的分析，那麼肯定會拿到B左右的成績。如果要獲得令人夢寐以求的A，他們需要進行傑出的分析才能脫穎而出。此外，如果要在一門課上贏得頒給最高分學生的CALI獎，他們在申論題的整體表現必須比其他同學更優秀。他們需要找出別人沒發現的細節和角度，也不能只是回答結果應該是「什麼」，而是要提出更多論述。評分為A的考卷答案會解釋結果的「原因」，並納入公共政策的影響。

法學院成績的激烈競爭帶來很重要的影響，至少短期是如此。大多數法學院只為班上成績前三分之一的學生提供排名，有些法學院獎學金只頒發給排名維持在這前三分之一的學生。法律期刊是法學院學生名望的象徵，而登上法律期刊的資格往往也由成績決定。許多薪水最高且最負盛名的法律事務所工作機會和法官助理工作機會，都保留給班上成績前百分之五到百分之十的學生。

在我的求學期間，不論是在K－12教育系統就讀、大學主修電腦科學，以及研究所攻讀公共行政碩士學位，我的成績都不理想。但法學院不一樣。我不僅以全班第一名的成績畢業，就讀期間得到好幾個A，也在五門不同課程上獲得CALI獎，這五門課分別是：契約、憲法、財產、離婚調解，以及遺囑、信託和遺產。

我的動力不是因為渴望獲得好成績，我從來都不在乎成績。反之，我受到激勵的原因是我的創意變得很重要，而我犯下的錯誤（我經常搞砸事情，然後說：「呃，事情是這樣的……」）如今也成為一種資產。好學生的普遍定義在法學院並不適用，法學院也很少給學生任何家庭作業或消磨時間的工作。我很少因為上課出席而得分，我的筆記是否整齊也不重要。重點不是我能記住多少，而是我不斷在思考。結果證明，法學院是一場我與自己的重要競賽。

當我在期末考運用DRAAW+C流程時，感覺就像我在跟自己下棋。當我把腦中持續辯論的想法寫到紙上時，興奮之情油然而生。老實說，我從來不擔心自己與其他人比起來孰優孰劣，我只想盡力做到最好，滿足自己的成就感。

教育工作者不常見到這種競賽。我們想到社會上的競賽時，會先想到體育運動、學業競賽、拼字比賽、班級排名。誰最厲害？我們批評「參加獎」的概念，因為「人人都是贏家」不符合我們對競賽的概念。因此，在當今世界上，不接受競賽模式的年輕人都被貼上懶惰的標籤。我們會說他們需要更多勇氣和毅力，或是說他們缺乏渴望、動力或慾望。不過，在我與「我不在乎」症候群纏鬥時，我發覺某些類型的競賽根本沒有激勵作用。

如果我必須與史蒂芬．柯瑞（Stephen Curry）比三分球大賽、與小威廉絲（Serena Williams）打網球賽，或是與全國拼字比賽冠軍進行不設限拼字競賽，那我不會受到激勵，而是會覺得雙方實力差太多了。不過，如果參與競賽的能量來自更發自內心想要達成目的的意識，感覺就會截然不同。我能不能連續投進好幾次三分球？我打網球時能不能連續十次發球都沒有雙發失誤？我能不能拼出最近三次全國拼字決賽最後一輪的詞？如果你在某個人面前擺上一組適合他年齡的拼圖，他幾乎肯定會開始拼拼圖。著重這種內在動機的競賽正是本書討論的最後一項thinkLaw策略。

學生運動員應該獲得薪資嗎？

談到競賽，大學體育最具爭議的問題之一就是我們是否應該向大學運動員支付薪資。這個問題通常適用於美國國家大學體育協會第一級別學校（Division I school）的男子籃球和男子美式足球運動員，這兩種運動是利潤最高的項目。

美國國家大學體育協會（National Collegiate Athletic Association，NCAA）負責監督大多數大學運動員。該協會報告，美國只有約百分之二的高中運動員獲得獎學金，而且不是所有獎學金都能抵付大學教育的全部費用。[1]該協會也報告，很少有大學運動員會繼續從事職業運動，而且對學生運動員而言，最大的好處就是用很少的錢或免費就能獲得大學學位。大學運動員必須是業餘性質，這表示他們無法獲得薪資。他們確實能獲得獎學金以支付特定費用，但這些運動員無法選擇如何使用這筆錢。

二〇一〇年，NCAA與哥倫比亞廣播公司（CBS）簽訂一份價值一〇八億美元的合約。這份合約規定，CBS可以在電視上轉播大學男子籃球賽，直到二〇二四年為止。[2]大型學校的五百三十五名教練總計能獲得四億四千萬美元，而這些大學則將四億兩千六百萬美元的獎學金分發給兩萬名球員。[3]平均來說，這些教練每年能賺進八十二萬三千美元，而每名學生運動員每年只收到大約兩萬美元的援助金。大學也可以與體育公司簽訂合約。例如，聖母大學（Notre Dame）曾在二〇一四年以九千萬美元的金額，與Under Armour簽訂為期十年的合約。

學生運動員應該獲得薪資嗎？在討論這個問題的典型課堂練習中，學生會以如同以往的方式回答問題。他們會使用DRAAW+C架構輕鬆得出一套具說服力的回答，而在這套回答中，他們會提出由邏輯規則支持的明確主張、考量辯論雙方的論證，並衡量他們的決定對公共政策造成的後果。因為這類演練會討論有關公平正義的問題，所以學生進行演練時會擁有內在動機，但在這種情境下，教師仍然能利用競賽策略。

本範例只提供一些關於這個案例的細節。教育工作者不需要求學生閱讀篇幅較長的事實段落或自行研究，反而可以暫停一下，讓學生玩論證與反論證遊戲（Argument-Counterargument Game）。在遊戲中，學生並不是為個人觀點辯護，而是會拿到一套論點，然後他們必須針對這套論點制定有力的反論證。例如，有個學生可能拿到反對給予學生運動員薪資的論點，如下所示：「大學運動員能免費獲得優秀的教練、設施和訓練，所以他們才有機會成為職業運動員。」學生現在必須針對這個論點，制定一套直接反駁的反論證，例如：

如果你有仔細觀察，就會發現很少有大學運動員會繼續從事職業運動。對於絕大多數的大學運動員而言，學生運動員獲得的免費教練和訓練並未產生有價值的成果。此外，年輕的職業運動員經常獲得去海外比賽的機會，而且根本不上大學。他們能得到報酬，同時擁有與學生運動員一樣的訓練和教練優勢。

論證與反論證遊戲不僅對以內在動機為基礎的競賽有益，也是一種實用的方法，能讓學生在課堂上針對爭議性話題進行有意義的討論（見圖十二的論證範例）。在當今這個時代，創造空間幫助學生思考目前議題是比以往都重要的事，但沒有老師會希

圖十二｜支持與反對給予學生運動員薪資的論證

支持給予學生運動員薪資的論證	反對給予學生運動員薪資的論證
• 許多學生運動員每週花費四十至六十小時從事體育活動。此外，他們也必須去上課及完成家庭作業。他們不可能去工作。獎學金支付他們的學費，但他們沒辦法賺取零用錢。 • 在賺錢機會方面，大學運動員須遵守非常嚴格的規定，大學運動員不得簽署代言交易。如果可以簽署代言交易，就表示當他們的姓名印在球衣上、肖像用於電動遊戲、照片印在海報上時，他們能獲得一部分報酬。 • 大學體育創造了許多工作，包括教練團隊、私人教練、門票銷售人員、裁判等，美國國家大學體育協會雇用超過五百人，這些人的薪水都來自大學體育，每個人都能獲得報酬，但身為賽事明星的運動員卻不然。	• 大學運動員能免費獲得優質教練、頂級設施、高級訓練。如果運動員有潛力成為職業運動員，他們從大學計畫接受的培養將會非常有用。 • 大學運動員的工作就是當學生。他們不是學校員工，也不是職業運動員。在大學，體育是課外活動。大學運動員可以取得學士學位，有時甚至是碩士學位，而且不會欠下一大筆債。 • 有些大學從體育計畫賺取大量金錢。德州農工大學（Texas A&M）每個學年可賺進多達一億八千萬美元。然而，很多學校並沒有這麼多收入。大約百分之四十四的大學每年從體育計畫獲得的收入不到兩千萬美元。這些學校無法像大學校一樣給予運動員薪資。

望因為課堂討論偏離正軌而上新聞。論證與反論證遊戲的結構讓你能夠樹立合宜的討論界線。讓學生在遊戲期間有機會論證不同觀點，能幫助他們理解其他觀點，並以對事不對人的態度進行辯論。這個過程能加快學生完成一項困難任務，那就是學會在不令人討厭的情況下表達不同意見。

四格遊戲

還有一種方法也能「暫停一下」，讓學生利用批判性思考的競賽策略，那就是四格遊戲（Four Corners Game）。如果要使用這個策略，你必須為學生提供當前問題的內容摘錄或簡短摘要。接著，讓學生接收其餘資訊並分成四類：贊成、反對、無關、皆可（見圖十三）。下一節將示範如何使用這種方法。

不得收回：威廉斯訴沃克－湯瑪斯家具公司案

（Williams v. Walker-Thomas Furniture Co.，一九六五年）

奧拉需要買一些家具，她去沃克－湯瑪斯家具店購買需要的家具，並選擇分期付款。在一九五七年至一九六二年期間，奧拉買了十三件家具，總計一千五百美元。奧拉簽署了分期付款合約，這份合約規定，只要奧拉拖欠一次付款，家具店就能收回她購買的所有家具。結果奧拉逾期付款，沃克－湯瑪斯家具店收回奧拉買過的所有家具。沃克－湯瑪斯家具店是否可以收回奧拉購買的所有家具呢？

目前得到的資訊已經足以根據直覺做決定了。不過如果沒有更多資訊，學生很難進行詳盡分析並做出結論。請不要讓學生閱讀一大段敘述所有事實的段落，而是分割成一條條事實（見圖十四），讓學生把這些事實分配到四個方格之一。這是一項有趣的活動，能讓學生自行組織。如果他們馬上開始分類，可能會在過程中改變主意。例如，「奧拉依靠政府提供的每月收入兩百一十八美元過活」起初看似完全無關，不過當學生發現音響的價格是五百十四美元，而且銷售員早已知道奧拉每個月只賺兩百一十八美元，就會發現這個事實最後可能會支持判決沃克－湯瑪斯敗訴。

表面上，四格遊戲可能不像一種競賽過程，但任何類型的分類活動都會自然而然出現固有的競賽概念。舉例來說，請看以下事實：「一九六二年，奧拉的一九五七年款項依然欠了三美分，沃克－湯瑪斯家具店想要收回那次購買的家具。」有一個強而有力的論點認為，沃克－湯瑪斯家具店的行為似乎太苛刻。但也有論點認為，如果奧

圖十三｜四格遊戲

支持	反對
無關	皆可

圖十四｜事實紙條

奧拉是養育七個孩子的單親媽媽。	奧拉依靠政府提供的每月收入兩百一十八美元過活。
沃克－湯瑪斯家具店從未給予奧拉她簽署的合約複本。	分期付款的設定方式為只要奧拉有結餘，她就必須支付過去購買家具的款項。
到了一九六二年，奧拉的一九五七年款項依然拖欠三美分，沃克－湯瑪斯家具店想要收回那次購買的家具。	只要奧拉繼續買新家具，就永遠無法付清已經購買的家具款項。
一九六二年，一名上門推銷的銷售員以五百十四美元的價格，賣給奧拉一台音響。	這名上門推銷並賣給奧拉音響的銷售員，早已知道奧拉依靠公共援助過活，每月收入為兩百一十八美元。

拉不希望自己的家具被收回，就不該拖欠付款。這個事實可以分到「皆可」的方格，也有可能分到支持或反對沃克－湯瑪斯的方格。

這個過程不是關乎「正確」，而是關乎說服力及解開複雜難題的成就。在如今這個時代，學業壓力導致的作弊行為，比教育工作者願意承認的還多。不過，在四格遊戲這樣的活動中，學生不需、不會也不能作弊。如果有六組學生參加這個活動，你就會得到六種不同答案。

短時間的快速競賽

身為有多年執教經驗的人，我了解教學的實際情況。即使我們拚盡全力，但每一堂課都不會成為批判性思考的傑作。我們上課的目的，不是讓學生在我們面前的每時每刻都感到開心。有時，我們必須教導二次方程式，而首次教導二次方程式時，教學內容簡直就跟這玩意的名字一樣「引人入勝」。

如果學生對核心概念缺乏基本的理解，就很難在某個學科或背景的特定脈絡中進行深度批判性思考。不過，這不代表整個教學單元都必須令人生畏。我們有方法可以流暢整合只需花費短時間的快速批判性思考活動，這些活動能帶來競賽的正面效應，卻不會占用介紹核心概念所需的重要時間。

每當你知道教學內容會很繁重時，可以考慮在課堂上的最初五分鐘加入短時間的批判性思考遊戲、提問和活動，當作開始上課的提示或課前暖身。如此一來，你就能立即吸引學生的注意，讓他們有時間規律養成進行批判性思考的習慣，並創造正面的學習能量。當學生即將要學習大量內容時，擁有正向的學習能量非常重要。

這些以批判性思考為基礎的競賽遊戲也很適合在課程中進行，讓大腦短暫休息。假如你剛帶領三年級學生賞析完一首抽象詩，我們不需要設身處地，也知道課堂上的氣氛會是怎樣。你可以在轉換到下一個單元之前進行一項短暫活動，打斷原本步調，讓學生恢復精神、重新集中注意力，並讓他們規律養成批判性思考的習慣。

你有無數種遊戲、謎題、邏輯問題和謎語可以派上用場。我最喜歡使用二十四點（24 Game）、字謎遊戲（Word Puzzles 或 Wuzzles），和猜物遊戲（What Is This?）。

二十四點

二十四點（https://www.24game.com）是我最喜歡的遊戲之一，不僅因為我信奉「一日數學競賽參與者，終生數學競賽參與者」的口號，也因為即使是不喜歡算數學的學生，同樣會因為遊戲過程中複雜的解題過程而開始動腦。二十四點的概念是玩家必須使用每張卡片上的全部四個數字，利用加減乘除的任何組合得出二十四的結果。[4]遊戲包含一點、兩點、三點問題（三點問題難度最高），所以老師可以根據學生的能力程度區分。舉例來說，如果四個數字是八、八、三、一，至少有三種方式得出二十四：

- 你可以選擇：3＋1＝4、4×8＝32、32－8＝24。
- 或者你可以選擇：3－1＝2、2×8＝16、16＋8＝24。
- 或者如果你覺得自己就是數學競賽參與者中的年度VIP，也可以嘗試：8＋1＝9、9÷3＝3、3×8＝24。

這項活動有幾種設定方式。你可以選擇把其中一個問題貼在黑板上，讓學生動腦解決，看看誰先得出答案。不過，對於理解速度較慢的學生來說，這種做法可能會讓他們灰心而無法完全投入。比較好的做法是在黑板上放三張難度不同的卡片。你不需要知道誰先答對問題，反之，你可以讓學生比賽誰能找到最多種解題的辦法。在中學班級，你可以把這種遊戲變成拿全班表現和其他班級相比的競賽。在小學班級，你可以依據學生能力混合分組進行競賽。這種做法會讓各組實力相當，並鼓勵每個人發揮潛能。程度較差的學生會專心解決一點問題，為小組獲得至少一分，而擅長玩二十四點的學生可能會專注於盡量想出更多種答案，以便完成難度最高的題目。

字謎遊戲

從電視遊戲節目《經典專注》（*Classic Concentration*）開始，字謎遊戲就一直很吸引我。這個節目包含配對（這是一種獨特形式的《飢餓遊戲》〔*The Hunger Games*〕，我在家會與孩子一起玩）以及將視覺圖像翻譯為常見片語。字謎遊戲很有效，因為這個遊戲需要經常大聲說話，也牽涉語言表達的後設認知。學生通常也不會害怕說出這些問題的錯誤答案，因為他們知道錯誤答案能幫他們找到正確答案。

不少網站都有字謎遊戲（又稱為畫謎遊戲〔rebus puzzles〕），以下是一些範例：

1. HEAD

   HEELS

   答：head over heels（翻筋斗、墜入愛河）

2. ABCDEFGHIJKLMNOPQRSTVWXYZ

   答：missing you（想念你）[9]

3. NEAFRIENDED

答：a friend in need（需要幫助的朋友）

你也可以讓學生發揮創意，自己創作字謎。任何來自書籍、主題詞彙、歷史事件或數學演算法的片語，都可以用於遊戲。

猜物遊戲

必要時，你也可以花幾秒鐘玩這個遊戲，讓大腦休息一下。只要在網路上搜尋「＿＿＿的特寫圖片」就好（請慎選放在空格裡的東西）。然後在教學過程中，要求學生告訴你「這是什麼？」。範例請見圖十五。

學生往往會開始發揮創意，思考他們看到的是什麼。有些人可能看到一片羽毛，甚至是一個蜂巢。有些人可能成功猜到這是一顆橘子。在這個遊戲中，如果你狡猾地擺出一張撲克臉，提出誤導的問題，就能讓學生完全摸不著頭緒。你可以用非常懷疑

9 missing有「缺少」、「想念」兩種涵義，u音同you。——編註

的語氣問：「你確定這是一顆橘子嗎？要確定你有看清楚喔！」然後，將這張特寫圖片擺在答案旁邊（見圖十六）。

當答案似乎非常明顯時，這種質問技巧就更加有效。圖十七是蜘蛛的一條腿。學生看到它，會立刻認為這是一隻蜘蛛。不過，請嘗試在一開始先問出誤導學生的問題：「下一張圖可能很難，請小心不要落入很多人都上當的陷阱。仔細看，這是什麼？」

當學生提出一大堆隨機且錯誤的猜測，例如「一個超瘦的人有一條毛茸茸的手臂」或「一根毛茸茸的彎曲樹幹」，他們將不得不面對現實：他們被耍了（答案見圖十八）。此時如果詢問他們為什麼很快就懷疑自己的直覺，問題的效果會非常好；擁有合理的懷疑態度是一回事，但是當學生查看圖片、分析圖片，然後基於既有知識下結論說這張特寫圖片是一條蜘蛛腿時，為什麼他們要懷疑？教育工作者知道，信心會影響學生對於回答問題和承擔風險的態度，所以這是一個模擬心智成熟傾向的有力範例。換句話說，學生透過謹慎的分析推理程序得出答案時，應該要覺得可以對自己的答案抱持信心。在沒有其他洞見、分析、證據或細節的情況下，即使有人說「我不確定」，批判性思考者也不該懷疑自己的結論。

圖十五｜特寫圖片一

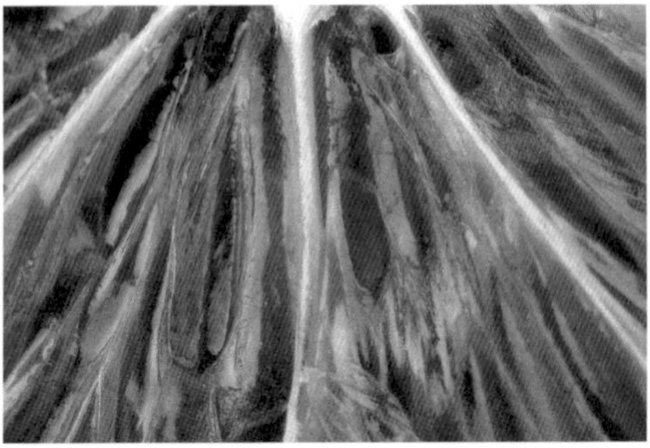

圖十六｜特寫圖片一和答案

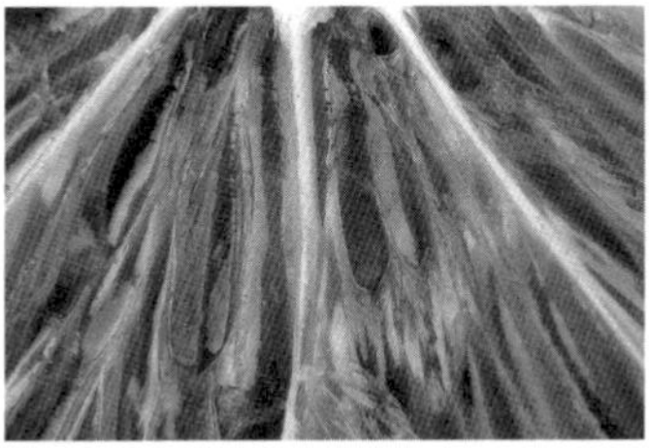

圖十七｜特寫圖片二

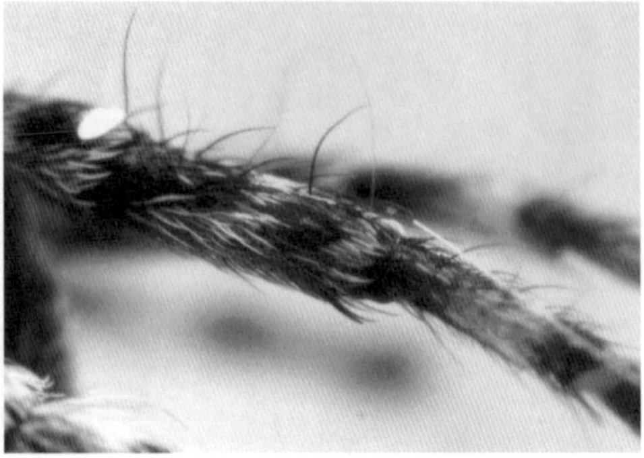

圖十八｜特寫圖片二和答案

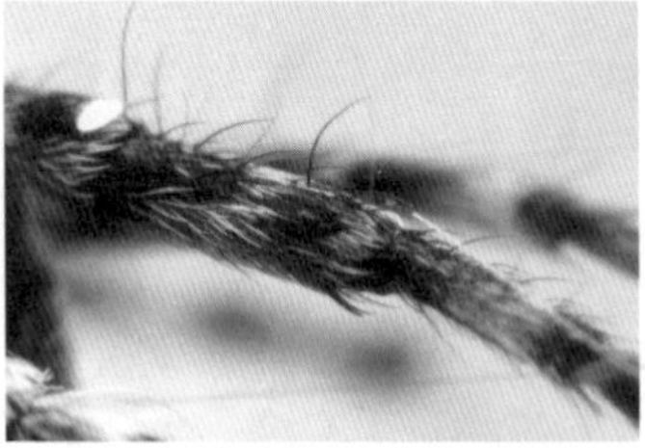

第三部

批判性思考革命的實務考量

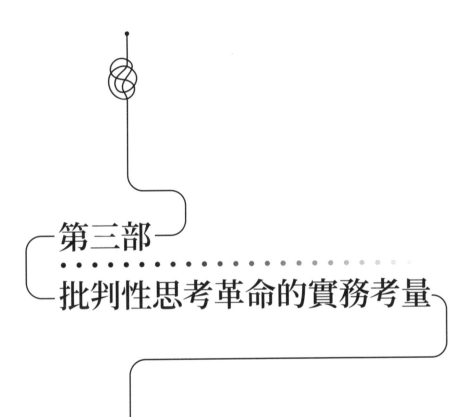

CHAPTER

12

讓thinkLaw發揮作用

過去幾年來，我有幸為數千名資優教師提供這些thinkLaw策略的培訓。老師通常都很高興能有一系列具體工具供他們立即應用，以提升課堂上的嚴謹度和學生參與度。這些工具特別適用於集中式課程（self-contained program）的資優教師，或每週固定時間在分散式課程（pull-out program）教導資優生的老師。這些老師明白，他們的首要工作是讓所有學生發揮全部潛能，而且他們通常擁有堅實的教學工具基礎來達成目標。此外，他們的課堂上只有資優生，這也很有幫助。

雖然我很高興聽到，全美各地教導資優生的老師往往能夠在課堂上成功施行thinkLaw策略，但情況不一定都是如此。我已經培訓過數萬名一般教育的老師，他們來自各式各樣的學校。我不得不承認，某些教師群體會向我回報，他們很難將thinkLaw用在所有學生身上。有些老師曾告訴我，對英語非母語的學生應用

thinkLaw策略是極具挑戰性的事。他們表示，特殊教育學生很難進行這些類型的活動，而且不符合年級程度的學生被認為「程度太差」，無法參與這些批判性思考架構。

這些意見回饋令我發覺，即使教育工作者了解批判性思考為何重要，也具備實用的thinkLaw策略來進行批判性思考，他們依然需要實際架構，以確定如何向所有學生教導批判性思考。更明確地說，向所有學生教導批判性思考是一回事；確保學生學會老師教的批判性思考技能和傾向則是完全不同的目標。

關於教導批判性思考和學習批判性思考之間的落差，我想到幾個例子。某年十月，我觀察到一名中學數學老師對於必須引導學生了解應用題的每個步驟感到厭倦，於是他在黑板上寫了一道複雜的應用題，然後跟學生說：「你們做得到！你們可以解出來的。」一分鐘過去、五分鐘過去、十五分鐘過去。最後，除了兩名學生以外，其他學生都交了白卷。

這讓我想起，我曾在某年的第一次數學考試中加入以下問題：「如果你是個賭徒，你會想要知道某件事發生的勝算或機率嗎？請解釋你的選擇。」我教的大多數學生都跳過這道問題，而大多數回答這道問題的學生都只有寫「勝算」或「機率」卻沒有提出解釋。最有企圖心的學生確實寫了解釋，例如「我會希望知道勝算，因為我比較喜歡勝算」。我的期望沒有得到滿足，但這是我的錯，因為我沒有給予學生可滿足我期望的學習結構。

批判性思考的學習結構與文法或基礎數學知識的學習結構並沒有什麼不同。我們可以教導這些學習結構，也必須教導這些學習結構，因為它們是在課堂上施行thinkLaw策略的關鍵先決條件。樂團老師幾乎一定會教初學者拍手練習，這樣他們才能在開始演奏樂器前先掌握節奏和時機。我們可以把學習結構想成為學生提供節奏。如果我們可以讓他們保持節拍，那麼即使他們走音，我們也能讓學習結構發揮作用！

為了確保你擁有為所有學生執行thinkLaw策略的必要工具，我會在此概述批判性思考的四大結構，你可以將這四種最重要的結構無縫整合到教學中，它們分別是：等待時間、文句架構、魚缸、公民論述規範。

等待時間

為什麼如今的學生比從前更不容易進行批判性思考？讀到這個問題時，你可能會立即進入「現在的孩子真難教」模式。科技會產生立即滿足感，我們很常看到孩子整天互相傳訊息和玩Snapchat，卻沒有任何現實中的互動。不過，假如我用不同方式問這個問題呢？請看以下問題，然後依照我的指示思考：

> 我想問你一個重要問題，希望你認真思考答案。我會給你十秒時間思考。為什麼如今的學生比從前更不容易進行批判性思考？請靜靜思考你的答案十秒。

這會讓你感到不同、尷尬或不自然嗎？當你的工作要求你及時提供一百八十天的教學，並為大約一百四十天後的考試做準備，時間就是關鍵，而這還不包括那些令人愉快的拍照留念日、假日音樂會、消防演習、學校精神週和其他花費時間的活動。這種急迫感經常使老師忽略一項效果強大的免費資源，這項資源可說是學生學習批判性思考時最重要的先決條件，那就是等待時間。

愛因斯坦曾說：「如果我有一小時解決一個問題，我會花五十五分鐘思考這個問題，花五分鐘思考解決方法。」如果我們沒有給學生進行批判性思考的時間，他們根本不可能進行批判性思考，因此等待時間是非常寶貴的學習資源。

執行等待時間，並讓它發揮作用，整個流程分為三個步驟：

1. 告訴學生：「我會給你們十秒來思考這個問題的答案。」
2. 提出一個發人深省的開放式問題。
3. 明確告訴學生：「請靜靜思考你的答案十秒。」

如果你想進一步提高要求，請在十秒的思考時間後立即要求學生進行短時間的「轉頭交談」，也就是與旁邊的同學簡短分享自己的答案。說話就是出聲思考，所以這種方法也能讓學生有更多機會進行批判性思考。

等待時間是一種使競爭環境維持公平的強大策略。當你使用等待時間時，就能為學生創造更平等的機會來做出有意義的貢獻。所有學生都能受益於等待時間，包括不容易找到正確措辭的學生、消化資訊較慢的學生、超級深思熟慮的學生，甚至總是能立即提出答案（不論答案是否愚蠢）的學生都不例外。

等待時間是一種批判性思考傾向，也是一種重要習慣。學生必須學習更重視反思，而不是重視表現完美。我們的社會崇拜益智競賽節目《危險邊緣》（*Jeopardy!*）的冠軍，他們非常厲害，能在不到五秒內回答隨機問題。然而，想像一下學生長大後，假如當他們察覺自己面前有一項困難的抉擇時，第一直覺是停下來思考：「我應該購買我其實負擔不起的巨額商品嗎？我應該立刻簽署這份合約嗎？我缺錢，但我有機會申請這筆發薪日貸款，那我應該這麼做嗎？」如果事情是如上述情況發展，這個世界會是什麼樣子？等待時間能建立必要的肌肉記憶，幫助學生習慣深思熟慮地做出人生中的重要決定。

在如今社群媒體上「無收回」的時代，這種深思熟慮比以往都更重要。Instagram Stories、Snapchat和其他限時訊息會「消失」，但永遠不會真正消失。推文或其他社群媒體貼文即使被刪除，也能經由截圖或其他儲存方式以供永久使用。無論如何，言語很重要，反應很重要，已傳送的文字訊息也無法取消傳送。等待時間能幫助學生解決學業上具挑戰性的批判性思考問題，同樣能幫助他們應對生活中類似的困難抉擇。

文句架構

當教育工作者希望幫助學生培養出優異寫作能力，達到符合期望的水準，通常會為學生提供評量指標。他們甚至可能會向學生展示「優秀」寫作的範本。不過，提供學生能真正滿足期望的寫作結構，是截然不同的挑戰。在法學院，標準的法律寫作模型是IRAC（問題、規則、分析、結論）。美國各地的學校經常使用類似C-E-R（主張、證據、推論）或E & E（證據與闡述）的模型。然而，儘管學生知道評量標準，但分析、推論和闡述仍是學生寫作經常失敗的領域。DRAAW+C能幫助學生了解分析領域的高階層面，而將文句架構應用於這個架構，就能提供清晰模板，幫助學生獲得分析具體細節的肌肉記憶。

我們可以使用一個引起爭議的問題來試用這種結構：「大學運動員應該獲得薪資嗎？為什麼？請解釋。」

讓我們再次使用DRAAW+C架構吧，我們希望學生擁有明確「決定」，並透過基本「規則」、至少兩方的「論證」、「世界會是什麼樣子？」的公共政策後果論證及「結論」支持該決定。因此，我們可能會像這樣設定文句架構：

D 大學運動員應該／不應該（擇一圈選）獲得薪資。

R 大學運動員＿＿＿＿（解釋大學運動員可合法獲得比賽利益的現行規定）。

A 大學運動員＿＿＿＿（使用決定中的答案）獲得薪資，因為＿＿＿＿（提供具說服力且支持你的決定的理由）。

A 另一方面，有些人可能會論證，大學運動員＿＿＿＿（使用與你的決定相反的答案）獲得薪資，因為＿＿＿＿（提供具說服力且支持對方決定的理由）。

W 如果學生運動員＿＿＿＿（使用你未選擇的決定），將導致＿＿＿＿（解釋潛在的負面後果）。

C 因此，學生運動員＿＿＿＿（複述你的決定）獲得薪資。

如果將這種結構應用於本章先前提到的賭博範例（賭徒知道某件事發生的機率或勝算會比較好嗎？），則如下所示：

D 如果我是賭徒，我比較想知道事件發生的＿＿＿＿（勝算比或機率）。

R 我們透過＿＿＿＿確定事件發生的勝算比，而事件發生的機率是由＿＿＿＿決定。

A 身為賭徒，我比較想知道事件發生的＿＿＿＿，因為＿＿＿＿（解釋為什麼知道此數值可能比較簡單或比較有用）。

A 其他人可能比較想知道事件發生的＿＿＿＿，因為＿＿＿＿（解釋為什麼有些人可能覺得另一數值比較簡單或比較有用）。

W 如果賭徒必須使用事件發生的＿＿＿＿（您未選擇的答案）而不是＿＿＿＿，則會導致＿＿＿＿（解釋潛在的負面後果）。

C 因此，如果我是賭徒，我比較想知道事件發生的＿＿＿＿（複述你的決定）。

使用文句架構時，請記得一些重要注意事項：

- **不是所有學生都需要文句架構**。請將文句架構當作指引，用來把評量指標變成可操作的步驟，讓學生能依據步驟達到你的期望。不過，你可以視需要讓程度較好的學生在完全不使用文句架構的情況下完成這些任務，或讓他們快速擺脫文句架構。你也可以視需要使用結構較少或較多的文句架構，做為一種差異化策略。
- **文句架構可以逐步淘汰，也應該逐步淘汰**。為了將學習責任逐漸轉移給學生，只有在你採用新的寫作提示時，才考慮使用文句架構。隨著時間逐步淘汰文句架構，能確保學生不會過於依賴這些架構。
- **文句架構的應用廣泛**。我已經使用兩個範例來說明如何為DRAAW+C分析建立文句架構。不過，文句架構也可以用於表達你預期如何完成各種任務：
  - **測試更正**：我弄錯這個問題了，因為我______（解釋你的錯誤）。為了解決錯誤，我______（解釋你如何修正錯誤）。
  - **實證分析**：在第______頁（提供引用內容的頁碼），作者論證______（解釋論證）。這支持______（複述你的主張），因為______（解釋為什麼這項證據支持你的主張）。
  - **比較和對比**：______（第一項）和______（第二項）相似，因為______（解釋兩者共同點）。

魚缸與分組作業的評量標準

將學生分成小組經常是課堂參與的普遍策略。然而，這種策略往往需要靠運氣，因為我們不易確定小組成員是否真的有在學習。身為教育工作者，我們從直覺上就會了解有效的分組作業看起來及聽起來是什麼樣子，不過我們不能一廂情願以為學生知道這些事。分組作業是另一個為學生提供明確架構的機會。

請不要讓學生自行解讀有效益的分組作業的定義是什麼，而是直接提出你的定義。圖十九是一份簡單的評量標準，根據「參與」、「時間管理」、「一起更好」三個類別評估分組作業的效益。

請注意，這份評量標準不會懲罰學生上課分心的行為。學生可以在分組討論時大笑、進行社交活動，也可以突然說一些離題的話。真正重要的是每個組員都能有意義地參與。這不代表要一個人負責抄錄、一個人負責計時、一個人負責簡報，而是代表所有組員都提供有用的想法或提出有用的問題。

學生也應該有效管理時間。這表示組員需要徹底完成分組任務的每個部分。有效的時間管理涉及許多其他技能和策略，在分組作業時尤其如此。不過，對於小組能夠徹底完成每項任務的期望，將會提高標準，並更加注重要在一定時間限制內完成任務。

最後，小組必須大於個人。「一起更好」正是二十一世紀學習需要的指標。當組員將不同觀點及提出的問題納入他們的答案時，實際上他們在做的事，就等於是發言好讓他人理解，並傾聽以理解他人。學生會養成一個重要習慣，就是在不令人討厭的情況下表達不同意見。

不論你才剛開始在課堂上採用分組，或想要重新開始你一直在做的事情，都能嘗試使用魚缸模式來示範有效益的分組作業。你可以為整個課堂提供一份有效益的分組作業評量指標（見圖十九），然後讓一組學生（魚缸組）在全班面前用五分鐘簡短示範。接著，讓包括魚缸組在內的全班同學評估魚缸組。首先請魚缸組分享自我評估結果，然後請班上其餘同學分享評估結果。當學生分享他們為何會這樣評估魚缸組的效益，和所採用的評估方式，他們就會更加熟悉你對分組作業的期望，這會幫助他們在你的課堂上和生活中獲得成功。

圖十九｜分組作業的評量指標

	1	2	3
參與	一個以上的組員沒有為小組貢獻任何想法或問題。	每個組員都有貢獻想法或問題，但一個以上的組員的參與很低或沒有幫助。	所有組員都提出數個有用的問題或想法。
時間管理	小組無法完成小組任務的一個（或多個）重要部分。	小組基本上完成小組任務的所有部分，但只花很少時間處理一個以上的重要部分。	小組徹底完成小組任務的所有部分。
一起更好	小組完成任務，卻沒有人質疑結果或提出其他觀點。	一個以上的組員認真質疑結果或提出其他的重要觀點，但這些問題及觀點未納入最終成果。	一個以上的組員質疑結果或提出其他觀點，且這些問題及觀點有納入最終成果。

公民論述規範

學生聽到「辯論」一詞時，通常會預期這是什麼？就跟他們在有線電視新聞節目和體育頻道、男仕理髮店及美髮沙龍、假日全家聚餐時看到的一樣：爭論、爭論、更多爭論。如果要創造安全且考慮周到的空間，供學生自由探索本書提供的各種批判性思考策略，公民論述規範或許能派上用場。無論學生是在分析關於校內言論自由的敏感話題，或是在探討大野狼是否本性上有所缺陷，如果缺乏明確的準則，討論就有可能失控。

你可以和學生分享以下五項規範，而且可以視需要修改或新增。

- **批評時必須對事不對人**。學生應該要能夠做到在不同意彼此想法的時候不妖魔化與自己想法不同的人。當課堂上培養出對事不對人的評論文化，學生會覺得比較安全，也更有可能保持心胸開放。
- **使用「我」來陳述**（例如「我認為」或「我不同意」，而不是「大家認為」、「大家覺得」或「你覺得」）。發言時說「我不同意柯林提出的學生運動員應該獲得薪資的論點」，聽起來及感覺起來都比「柯林提出的學生運動員應該獲得薪資的論點並不正確」更好。即使這兩個例子都強調是柯林的論點而不是柯林本人，但第二個例子省略「我」會讓它更偏向陳述句，這會使柯林進入防衛自己的辯護狀態，也讓柯林不太可能傾聽他人的推論。
- **不要打斷發言**。如果有人一直打斷發言，就表示他幾乎沒興趣或甚至根本沒有興趣傾聽他人的話。如果有人非常想要提出下一個論點，而不允許其他人講完自己的論點，整個環境就會變得不客氣又無禮。
- **同意別人的不同意**。學生應該要了解，不同意他人看法也沒關係。事實上，在不令人討厭的情況下表達不同意見，正是心智成熟的重大表徵。

- **即使你不同意也應該認真傾聽**。意見分歧是正常現象，不過，很少有人能在不同意他人看法的情況下，擁有EQ來理解看法不同的原因。理解始於傾聽。當學生能夠發言而讓他人理解，並傾聽以理解他人，這樣的環境就會變得更文明有禮。如果沒有一套實用規範，學生就很難養成傾聽以理解他人、發言而讓他人理解的習慣。學生應該在不令人討厭的情況下表達不同意見，而這樣的特質必須像學科內容一樣，經過教導、示範及熟練運用。

老師可以用各種有用的策略，明確提供指示以盡可能發揮thinkLaw批判性思考策略的影響，但我們或許需要一整本書的篇幅來介紹這些策略。不過，就像樂團老師使用節奏打下音樂基礎一樣，本章列出的批判性思考鷹架也為學生奠定基礎，能幫助他們培養所需的批判性思考技能和傾向。

CHAPTER

13

避免為投入而投入

許多沮喪的教育行政人員和老師都會哀嘆：「學生就是不投入。」我們想像良好教學現場的樣貌時，腦中浮現的情景是學生全心投入，渴望學習、參與課堂活動與分組作業、努力上進、歡聲笑語，還有因為恍然大悟而大喊「啊」的時刻，這一切都構成我們對良好教學現場的想像。沒有哪個學生回家後會告訴家長：「哇，我們今天寫完了一張很棒的作業單。」怪不得我們往往會非常重視學習投入（student engagement）。

本章目的並不是反對學習投入，而是要確保我們利用學習投入的出發點是為了學習，不是為了投入。以下例子可以說明為何這種差別如此重要。

梅耶萊文中學（Meyer Levin），紐約市教育局習慣稱之為I.S. 285，我在這所學校獲得一生中最棒的學習體驗。或許我是個怪胎，但我認為中學是孩子心目中最好的時光。我的六年級數學老師激發我對數學產生極大興趣，於是我在這所位於紐約布魯克林的學校裡成為數學小隊最引以為傲的隊員。因此，當我決定成為數學老師，在大學畢業後我有一段時間可以觀摩其他老師，我就去拜訪那位教我數學的威廉斯（Williams）老師，她當時已經成為數學科主任。

我向她描述我的宏大計畫：我想要將大量趣味、快樂、興奮帶入數學教室，我也向她闡述我一直在思索的主題式學習內容。不過，在我進一步說明未來規劃，以及暢想我榮獲年度新進教師的得獎感言之前，她攔住我，然後對我說：「跟我來，我讓你看一些東西。」（當你的中學老師要你做某件事時，即使你已經長大成人，基本上還是必須照做。）

威廉斯老師想要教我一堂最重要的課，她認為我必須知道，學習投入不等於學生學習。確實，學生需要一定程度的投入才能學習，但為投入而投入不一定能轉換為有意義的學習機會。我起初不懂她的意思，直到她和我觀摩兩位教導同年級的數學老師，他們當天的課程都在介紹平均數。

A老師是所有學生最喜歡的老師。她上課很生動、充滿活力，而且有大量分組作業和學生參與環節。課堂上的活潑氣氛非常明顯，我能想像她絕對是校長最欣賞的老師。不過，儘管她的課堂上有各種花俏的教學環節，但我在分組作業時觀察到，許多學生的回答並不正確。即使這些學生中有幾個人興奮地告訴我（他們知道我是剛畢業並前來觀摩的新老師），我應該像A老師一樣上課，但最後，她的學生離開教室時卻沒有清楚理解這堂課的目標：計算平均數。

B老師的課堂則截然不同。她的上課方式較為保守，也沒有讓學生特別興奮的環節。她一上課就敘述她觀看新聞節目《六十分鐘》（*60 Minutes*）某一集的故事，在那集節目中，記者採訪一位種族隔離時期的南非領袖。起初，連我都在想：「今年是二〇〇四年，這裡是布魯克林的東弗萊布許（East Flatbush）……為什麼她要分享這則毫無關聯的故事？」不過，她繼續說明，當記者針對南非的巨大所得落差提出問題時，那位政府官員反駁，並解釋南非的平均所得是全球最高的國家之一。採訪記者的後續問題令那位官員啞口無言。當B老師與全班分享這則故事時，那間教室裡的每個學生都因此產生一種玄之又玄的變化。B老師問學生：「如果你把一隻腳放在沸水中，另一隻腳放在冰水中，那麼平均下來，你覺得舒服嗎？」

我就像被澆了一桶冷水一樣清醒過來：最好的老師不僅會吸引學生投入，也會刻意引導學生投入的方向。

在我建立和推廣thinkLaw的過程中，我愈來愈了解一項無可反駁的事實：**學習**

投入與學生學習是兩回事。

吸引人和有明確目標的課程規劃必須相輔相成。如果兩者缺一，我們就無法幫助學生達成當日的學習目標。B老師提升學習投入的做法有效，因為這種做法能刺激內在動機。學生之所以受到吸引而願意進一步了解平均數，原因就是她的課程圍繞公平正義的核心議題展開。由於她用兩桶水當作比喻，所以學生能對平均數有更直觀的理解，使他們在運算平均數公式之前，就能估計平均數問題的答案。

我們思考如何設計課程來吸引學生投入時，必須記得這只是一半的目標而已。如果要幫助學生激發全部潛能，我們設計出的學習投入活動必須能利用學生的自主行動感，同時也要以帶有明確目標的眼光去檢視學習成果。

CHAPTER

14

批判性思考

班級經營的祕密武器

thinkLaw策略在法庭上特別有效。法庭上沒人可以隨意講話，所有人都必須非常尊敬法官，而且不遵守法庭規矩的人可能會被視為藐視法庭，而被戴上手銬逐出場，以上這些情形可能都對thinkLaw策略的執行有所幫助。然而，真正的課堂不會以這種方式經營，也不應以這種方式經營。

當你需要應對令人煩惱的學生行為時，同時將批判性思考融入日常課程是極具挑戰性的做法。每位教育工作者都遇過一種學生，他們是天生的傑出領導者，擅長創新和解決問題，卻剛好也是紀律處分、留校察看、校長室約談的常客。不過，考慮到學生接受的學習內容通常是由老師主導且內容繁重（考試季尤其如此），聰明又精力充沛的學生有時難免會出現行為問題，並對有效的班級經營形成威脅。本章將分享三種強大而實用的策略，這些策略會利用批判性思考教學作為主動的班級經營工具，應對一些擾亂課堂的常見學生行為。

講話：放棄對抗，改為邀請

學生在上課時分心、愛講話，這個情況或許是有意義的學習環境中最常見的干擾。老師與其瞪著學生，不情願地說出「我就等你講完」（我曾發誓自己當教育工作者時永遠不說這句話，但有時真的很難做到），或因為學生想要講話的自然傾向而處罰他們，不如提供多種機會，讓學生參與課堂上吸引他們注意的對話。

幾乎每個學生都會回應有關公平正義的議題或涉及辯論的學習活動，因為他們渴望得到發聲的機會。所以，我們何不設計讓學生能夠充分講話的學習活動呢？在科學課，學生可以針對演化和地球是否為球形等議題，檢視相關觀點並進行辯論。在數學課，學生可以把握機會檢視兩個不正確的答案，討論哪個答案應該得到比較多分。不要對抗學生講話的情況，而是邀請他們講話！

動起來

另一項能夠主動解決班級經營問題的策略，就是將身體活動與批判性思考結合在一起。如今學校已經意識到，身體活動對於學生學習十分重要，但學生頻繁離開座位或以其他身體活動的方式擾亂課堂環境時，許多老師依然感到困擾。你可以刻意在課程中加入身體活動的環節，以便主動應對上述問題。你可以進行民意調查，讓學生依據自己的觀點，走到教室中的相應位置。如果學生最後改變想法，可以允許他們來回走動。你可以使用有趣的舞蹈影片，幫助學生記住幾何學詞彙。如果你必須長時間講述課程內容，那麼由來已久但好用的伸展環節也能幫助學生恢復活力。

透過同理心建立正向的班級文化

對老師而言，若想建立安全且極具成效的學習環境，霸凌及其他反社會行為或許是最嚴重的威脅。許多好用的反霸凌和社會情緒學習計畫已經在應對這些挑戰時取得成效，但老師也可以在自己的教學中處理這些問題。美國各州設立了各年級程度的英語文標準，評估項目包括口語、聽力及提問以了解講者目的和觀點。即使是「美國新世代科學標準」（Next Generation Science Standards），也認為學生需要有能力從多元觀點檢視論點，並透過有來有回的過程，以互相尊重的態度給予批評和接受批評。

你可以在設計課程時加入無明確對錯答案的問題，尤其是涉及「如果是你，你會怎麼做？」的問題。這種方法很有意義，可以鼓勵學生設身處地思考他人想法，看到不同觀點，藉此建立同理心。

將顛覆者重塑為創新者

有些深度學習活動既能吸引學生參與，而且內容包含嚴謹的批判性思考，那麼這類活動應該成為教育工作者用來提升班級經營的教學工具首選。本章只是所有教學策略中的一小部分，你可以用這些策略觸及特定學生。

我們有一項嚴重的教育紀律問題。儘管我們曾聽聞有色人種學生遇到的各種不同狀況，以及零容忍政策的意想不到的後果（或者可能是意想之內的後果），但我指的問題與不公不義無關。我指的問題是，教育工作者該怎麼給予特定學生最好的教導，而我堅信，這些學生最有能力成為二十一世紀需要的領袖。如果我們做得好，今天的「壞」學生也能輕鬆成為我們需要的優秀領袖，引領我們邁向未來。

過去三年內，我曾參加超過一百場教育研討會，所以我聽過許多關於領導能力的討論。領袖違反常理、依照自己的步調前進、請求寬恕而不是許可、不服從常規，而且他們不遵守規則，反而改變規則。事實上，我們十分崇拜商界和業界中最具創新精神的人，將他們稱為「顛覆者」。由於上述所有特質也適用於「壞」學生，因此我們必須接受一項事實：我們的紀律管教迫使我們錯失太多有潛力做出偉大成就的人。

我要澄清一下，我完全了解，如果學生在課堂上隨心所欲，不守規矩也不用承擔後果，那麼學生會無法在這種混亂的課堂中學習。我並不是呼籲學校採取與零容忍政策完全相反的做法，但請想像一下，如果我們不再將總是惹麻煩的學生視為「壞」學生，而是發掘他們的領導潛能，並承認我們需要負起責任（儘管具有挑戰性但仍必要的責任），去幫助這些學生發揮領導潛能，這個世界會變成什麼樣子。

想要激發學生的全部潛能，成為二十一世紀的領袖，其中一項關鍵就是喚醒他們的批判性思考能力。舉例來說，二〇一七年thinkLaw與內華達州拉斯維加斯克拉克郡學區的學校麥莉成就中心（Miley Achievement Center）合作，幫助一些因嚴重違紀犯規而通常長時間無法返回校園的學生。表面上看來，一般來說這群學生似乎不會參加透過真實法律案件教導批判性思考的計畫；我們通常預期會為資優生、大學先修課程或榮譽班級課程提供這種指導。但實際上，「壞」學生（或是我所謂的「顛覆者」）面臨批判性思考的挑戰時，特別能夠做得有聲有色。麥莉成就中心的副校長戈登・史都華（Gordon Stewart）表示，thinkLaw的課程「吸引學生參與批判性思考的效果非常好，尤其是因為我們有許多學生已經花很多時間思考灰色地帶」（引自二〇一八年九月十一日我與對方的個人通信）。換句話說，當我們為學習創造課堂空間，鼓勵學生講話、讓學生擁有內在動機，並讓學生在學習過程中發揮所謂的「顛覆性傾向」，視其為一種資產，那麼我們都能獲益。

然而，教育工作者經常很難以正向方式重塑顛覆者。其中一部分原因可以用教育工作者對以下問題的常見答案來解釋，這個問題是：**你會說自己是「好」學生還是「壞」學生？**我在美國各地舉辦批判性思考工作坊期間，曾向數千名教育工作者詢問這個問題。超過百分之八十的教育工作者認為自己是守規矩的「好」學生，很少惹上麻煩。我在成長過程中屬於另外百分之二十的族群，但我很幸運，因為在我很小的時候，一位助教就看穿我的調皮胡鬧，請我媽帶我接受測試，然後成功參加另一個學區的資優教育計畫。

當我成功加入資優教育計畫時，最瘋狂的事發生了：原本會害我惹麻煩的行為，例如說話、爭論、離開座位、笑得太激動（沒錯，這是不該做的事）、提出「自作聰明」的問題（這也是不該做的事），在我的資優班上都能獲得獎勵。事實上，我的班上總是非常吵雜混亂，這或許是因為站在教室前面的老師認為，每個學生都能夠學習嚴謹且吸引人的內容，並接受挑戰。因此，請不要讓你的偏見決定你對班級內「顛覆者」的看法。反之，請務必尋找適當策略來激發這些天生領袖的無限潛能，而非只是約束他們。

CHAPTER
15
超越備考
破解「大考」

「我想到一些很棒的主題式學習點子，絕對會激發學生的熱情。我等不及要實行這些點子了……不過要等到考試之後！」如果這句話聽起來很熟悉，那你已經親身體會到，在高厲害關係的考試（high-stakes exams）前必須教完大量教材的壓力。這種壓力經常為老師和學生帶來不愉快的經驗。不過，要是我們其實不需要這麼做，那會怎麼樣呢？

有些讀者或許會想跳過本章。在現今的績效責任時代，標準化考試已經使課堂陷入窒息。當優秀的老師必須拋開他們所知的良好教學，開始進行無需動腦的應試教育，因而倍感壓力時，他們會覺得自己遭到出賣。我了解這種感受。但我常常在想，我們到底有沒有理解與考試有關的平等議題。

說到平等和考試，我指的不是顯示考試存在文化偏差的大量證據，也不是顯示低收入和弱勢學生考試成績明顯不佳的結果。反之，我指的是結果的平等性。如果我們真的相信，教育應該透過打破貧窮循環來為孩童扭轉機會，那我們也必須相信，在考試中拿到好成績是很重要的。律師必須參加法學院入學考試（LSAT）並取得律師資格；醫生必須參加醫學院入學考試（MCAT）、美國醫師執照考試（USMLE）和專科考試；工程師、護理師和許多其他職業也依然採用考試做為入職門檻。

我擔心的並不是這些門檻是否公平。在當今世界，除非學生能負擔昂貴的備考課程，否則無法獲得在這些考試中成功所需的實用策略，而我擔心的是我們不應該生活在這樣的世界。我們應該教導學生，如何在學業、職場及生活上面臨的各種考試中獲得成功。為學生提供克服這些考試所需的工具和策略，不代表教育工作者必須犧牲良好的教學體驗。

如果你可以在嚴謹且吸引人的學習活動中鼓勵學生投入，並確保他們為隨著時間變得愈來愈有挑戰性的考試做好準備，結果會如何呢？以批判性思考進行備考，不僅可行也必要，因為讓我們面對現實吧：如果真的有「應試教育」這種事，我們現在早該破解其中訣竅了。不論你所在的州是使用大學與職涯準備度評量夥伴聯盟

（PARCC）、智慧平衡評量聯盟（SBAC）、德州學力評量（STAAR）、亞利桑那州學力評量（AzMERIT）、維吉尼亞州學習標準測驗（SOL）或是其他評量方式，死記硬背和填鴨式學習都無法幫助學生做好在這些考試中獲得成功的準備。以下這個範例能說明為什麼死記硬背沒有效果：

> 有一間三明治店會在顧客消費滿七十五美元時，提供百分之十五的折扣。這間店的定價為三明治每個八點二五美元，餅乾每塊一點四五美元。
>
> 茱利安娜買了八個三明治。
>
> 茱利安娜至少需要購買幾塊餅乾才能享有折扣？

這道問題改編自真實標準化考試的考題，是解釋應試教育為何不可能實現的完美範例。想要答對這道題，學生必須理解五個不同數字的目的、避免落入百分之十五這個數字的陷阱（它與問題無關）、了解建立不等式的方法，並知曉如何乘以小數、減掉整數、除以小數。除此之外，學生也必須意識到，茱利安娜無法購買六點二塊餅乾，所以她需要買七塊餅乾才能享有折扣。這道題目的難度也比較高，因為它的題型是填空題。換句話說，這道題目不是學生可以猜測或採用排除法來解決的選擇題。

要求學生死記硬背的作業單，就和益智節目《危險邊緣》裡會出現的那種複習遊戲一樣常見，但這些策略根本不能解決問題。學生需要批判性思考來應用知識及進行大量邏輯推理，才能處理棘手的多步驟問題和複選題。本章將討論三種策略，你可以使用這些策略，透過批判性思考進行備考。這三種策略分別是按考試題型教學、WISE解題法、像喬・施莫一樣思考。

按考試題型教學

雖然有點蠢，但我要坦白：我真的很喜歡寫標準化考試的考卷。每當我準備在沒去過的州培訓教師時，最令我興奮的準備活動之一就是寫小學、中學、高中的州考試裡數學和英語文的模擬考卷。我喜歡做這件事，因為這能幫助我體會到，我們對於學生學業能力的標準已經愈來愈高。在我的成長過程中，我的數學考試全是選擇題，大部分都是需要基礎運算的問題；如今的數學考試則是複雜的開放式問題、圖表，以及容易答錯的複選題。

我在成長過程中參加的閱讀考試都是克漏字測驗，這些考試其實是填空題，要求學生想出適合填入句子的詞彙，就是這樣而已。這些考試沒有要求學生在分析多篇不同資料後寫一篇作文，也沒有要求學生糾正文法使用不當的句子。這些考試從未要求我從文章裡找出支持作者特定主張的句子。然而，想要在現今的考試中獲得好成績，不只需要知道考試內容，也需要了解考試題型。

如今的考試有日漸電腦化的考試機制及持續發展的考試題型，而這些考試除了測試學生理解試題內容的能力之外，往往也似乎在衡量學生理解考試邏輯的能力。由於美國許多州都面臨師資短缺的問題，所以教育體系常會從其他州招聘大量老師，甚至從其他國家招聘老師。這些老師可能對考試題型完全不熟悉，所以要求他們幫助學生做好在考試中表現優異的準備，可能會造成災難——大多數跨校選課的學生特別容易面臨這種挑戰。

不過，我們可以用一個強而有力的案例證明，掌握考試題型及幫助學生培養為未來工作準備的批判性思考，兩者之間確實存在關聯。鑑於學生未來將需要在目前不存在的職業領域中，使用目前尚未出現的技術解決我們目前尚未發現的問題，因此幫助學生培養回答大量不熟悉的考試題型所需的適應力，本來就有其價值。學會如何學習是二十一世紀準備能力的核心層面之一，所以在批判性思考和嚴格堅持舊有題型之間抉擇，根本是大錯特錯。

按考試題型教學並不是我們在二月備考季需要解決的問題，而是教育工作者從學年開始就該著手解決的問題。按考試題型教學有三個步驟：

1. 在清單中列出考試使用的所有不同題型，並附上每種題型的具體範例。不論學生準備參加SAT、ACT、AP考試或是全州評量，你都可以找到無數的免費資源。這些資源通常放在各州網站上，或負責制定考試的公司網站上。

2. 誠實評估你喜歡和不喜歡的題型。我母親不喜歡馬鈴薯沙拉裡有蛋，所以她從未在自己做的馬鈴薯沙拉裡加蛋，結果現在我也不喜歡在馬鈴薯沙拉裡加蛋。如果有某種題型讓你不喜歡，就像我母親對蛋的感受一樣，請小心不要在無意間忘了讓學生練習他們需要熟悉的題型。

3. 建立一張分成三類的清單：（一）你經常讓學生練習的題型，（二）你有時讓學生練習的題型，和（三）你從未讓學生練習的題型。一旦建立這張清單，你就能開始更常將這些題型無縫整合到教學、練習和評量中，讓學生可以更熟練地回答多種題型的問題。你或許無法讓學生大量練習某些專為電腦化平台考試設計的題型，但在這種情況下，你依然可以花些時間登入其中一個試題範例入口網站，向學生示範如何應對這類試題，如此一來，他們就能大致了解將會遇到的題型。

關鍵的重點是：我們不希望在幫助學生掌握這些考試的學業技能之後，他們卻只因為以錯誤方式提供正確答案，就拿到糟糕的成績。

WISE法

圖二十裡的問題有很多細節。

在這道問題中，「以完整句子猜測估計」能成為一項有力的工具。為了讓學生成功解題及理解脈絡，並幫助他們做出有效的預測和推論，進而得出合理答案，請從題目的結尾開始著手。學生應該會注意到結尾的問題（葛雷格至少需要幾箱瓶裝水，才能為田徑運動會上所有運動員、教練、裁判提供足夠瓶裝水？），然後準備如下答案：

葛雷格至少需要＿＿＿＿箱瓶裝水，才能為田徑運動會上所有運動員、教練、裁判提供足夠瓶裝水。

圖二十｜多步驟應用題（五年級程度）

葛雷格在田徑運動會擔任志工，負責提供瓶裝水。葛雷格知道以下事實：

- 田徑運動會將持續三天。
- 將有一百一十七名運動員、七名教練和四名裁判參加運動會。
- 一箱瓶裝水有二十四瓶。
- 下表顯示田徑運動會上每名運動員、教練和裁判每天將獲得的瓶裝水數量。

供應田徑運動會的瓶裝水	
參加人員	瓶裝水數量
運動員	4
教練	3
裁判	2

葛雷格至少需要幾箱瓶裝水，才能為田徑運動會上所有運動員、教練、裁判提供足夠瓶裝水？寫下你的運算過程，或解釋你如何使用方程式得出答案。

圖二十一｜WISE法圖像思考輔助工具

Writing 撰寫（第一步） 重寫問題真正要問的內容。	**Investigate 調查（第三步）** 只列出每道問題的重要資訊。
Setup 設定（第四步） 解釋設定並運算出解答，在過程中展示所有步驟。請小心注意任何特殊考量。	**Evaluate 評估（第二步和第五步）** 第二步：寫下答案留白的完整句子。 第五步：填寫答案，並檢查答案以驗證其準確性（理由通常在設定中）。

在腦海中從結尾開始著手，是解題時非常有用的工具，所以這是WISE解題法的基礎，WISE代表撰寫（Write）、調查（Investigate）、設定（Setup）和評估（Evaluate）。圖二十一概述了這套五步驟流程。

WISE法圖像思考輔助工具（graphic organizer）的設計旨在幫助學生克服對開放式問題的心理障礙。開始解題的最佳方法就是**直接開始著手解題**。WISE法能幫助學生先寫下問題要問的內容，而不是讓面前的紙保持一片空白。然後，學生會沿著對角線移到評估方格，利用「以完整句子猜測估計」的策略寫下答案留白的句子。

到了這一步，雖然沒有下很多苦工或進行很多分析，但學生已經完成WISE圖像思考輔助工具的一半。調查方格只要求學生列出問題的重要事實。我建議讓學生使用一個個圓點列表，而不要使用數字1 2 3或字母A B C編號列表，以便減少混淆。調查方格的內容應該僅限於問題的相關事實。學生也應該使用更容易將問題拼湊起來的方式組織資訊。

以這個問題為例，學生可以寫田徑運動會上有一百一十七名運動員，然後在下一行寫每名運動員每天喝四瓶水。不過，將這些事實組織起來或許更有用，這樣我們就能從一行文字看到，一百一十七名運動員每人每天喝四瓶水。大多數學生在列出調查的事實時不會遇到重大挑戰，因此，當學生完成WISE法的第三部分時，他們的圖像思考輔助工具已經將近完成，他們也已經從起初的空白答案進展很多了。WISE思考輔助工具的完整範例請見圖二十二。

設定方格可能是WISE法最具挑戰性的部分。學生在這個步驟時需要解釋他們計畫做什麼，然後實際執行。由於後設認知的力量，所以當你要求學生寫下解題計畫的簡短摘要時，這套流程的效果最好。讓學生寫下腦海中的想法，能幫助他們將計畫視覺化、納入任何特殊考量，並更清晰地看到自己推理中的潛在漏洞。

在這個步驟，基本設定可能像這樣：「需要計算三組人每天共喝多少水，然後乘以三，然後將總數除以二十四，就能算出多少箱。」不過，當學生採取額外步驟，納入任何特殊考量時，他們會發覺，除非總數是二十四的倍數，否則他們可能需要多訂一箱瓶裝水。到了那時，也只有到了那時，學生才應該開始進行運算問題的過程。在WISE法中仔細設定問題的做法，也適用於撰寫論文、回答科學實驗問題，或完成任何需要評量的學科當中的所有任務。

最後的評估步驟是填寫原本留白的部分及檢查最終答案。學生此時應該已經寫下完整句子，所以他們應該填上「六十三」這個數字。為了評估和驗證這個答案是否準

圖二十二｜已完成的WISE法圖像思考輔助工具

Writing 撰寫（第一步）	Investigate 調查（第三步）
葛雷格至少需要幾箱瓶裝水，才能為田徑運動會上所有運動員、教練、裁判提供足夠瓶裝水？	• 田徑運動會為期三天 • 一百一十七名運動員；每人一天喝四瓶水 • 七名教練；每人一天喝三瓶水 • 四名裁判；每人一天喝兩瓶水 • 每箱有二十四瓶水
Setup 設定（第四步）	**Evaluate 評估（第二步和第五步）**
我需要計算三組人每天共喝多少水，然後乘以三，然後將總數除以二十四，就能算出多少箱。如果我少了幾瓶水，我須確保我再加上整整一箱。 $(117 \times 4) + (7 \times 3) + (4 \times 2) = 497$ $497 \times 3 = 1{,}491$ $1{,}491 \div 24 = 62.125$（再加一箱） $\rightarrow 63$	葛雷格至少需要六十三箱瓶裝水，才能為田徑運動會上所有運動員、教練、裁判提供足夠瓶裝水。

確，學生可以使用四捨五入等估算策略，以確保自己的答案大致正確。如果他們將運動員人數四捨五入為一百二十，然後乘上每人四瓶水的數量，就會得到四百八十。七名教練乘以每人三瓶水，四捨五入大約是二十。而四名裁判乘以每人兩瓶水，四捨五入是十。因此，每天需要的瓶裝水總數估計為五百一十瓶。

這大約是五百乘以三天，得出一千五百。如果學生將其除以二十五（誰會使用二十四來估計啊？），就會知道答案應該落在六十附近，與最終答案六十三非常接近。訓練學生進行以完整句子猜測估計的過程，有助於得出更加合理的答案。

像喬・施莫一樣思考

我在第八章討論錯誤分析的thinkLaw架構時曾介紹喬・施莫，這名學生總是上陷阱題的當、沒有仔細閱讀指示，或是沒有完成解題需要的所有步驟。培養適宜的懷疑態度是批判性思考的重要一環。請看圖二十三的問題（五年級程度），就能知道為什麼這項特質如此重要。教導學生像喬・施莫一樣思考，能幫助他們避免因為出題者使用的一項常見手段而犯錯。

圖二十三｜像喬．施莫一樣思考——範例問題

為了舉辦家庭聚會，布莉塔妮做了五塊肉餅，用了九磅牛絞肉。她也用四磅牛絞肉做了十四顆漢堡。每塊肉餅都用相同份量的牛絞肉製作。

下列哪一選項最接近每塊肉餅的牛絞肉份量？

a. 二分之一磅

b. 一磅

c. 一又二分之一磅

d. 兩磅

我從前就是「一定要第一個做完題目」的學生，於是我起初興沖沖地開始解題。我看到這道題目要問與肉餅和牛絞肉有關的內容，也看到五塊肉餅、九磅，然後我想：「很簡單嘛！答案就是九分之五，與二分之一相近。」接著我發覺二分之一就是選項A。我問自己：「你要落入選項A的陷阱了嗎？才不會呢！」

這道題目問的是每塊肉餅用了多少磅牛絞肉，這表示我應該將九除以五，得到五分之九，這個數字接近二，而不是二分之一。在這道題目中，五這個數字出現在九之前並不是巧合。我們習慣從左到右閱讀數字，如果你沒有仔細閱讀題目真正要問的內容，就會直接落入選項A的陷阱。

雖然這道題目十分直截了當，但出題者設計問題時，往往會讓學生看到多個答案選項，而且選項A往往是陷阱，主要目標就是像我這樣解題很快的人。當學生發覺這些考試企圖愚弄他們的方式後，就不得不培養出適宜的懷疑態度。學生必須了解如何像喬・施莫一樣思考，才能避免成為另一個喬・施莫。

備考也能很有趣

介紹完這些策略後，我希望你也能同意，備考不一定令人生畏。使用類似本章介紹的策略來幫助學生充分備考，不僅與學業上的準備有關，也與心理上的準備有關。對於許多學生而言，考試焦慮是一大挑戰。我在輔導對於考試還不算非常焦慮的中學生時，會出一道題來考他們：「一加一等於幾？」他們會笑著寫下「二」，然後把考卷遞還給我。為什麼他們會笑？他們解釋，他們在這種狀況下不會出現考試焦慮。不過，當考試攸關高風險、具挑戰性、耗時又費神、令人困惑時，他們就會感到焦慮。當他們認為自己有用功，卻不了解考題要問什麼內容時，他們就會感到焦慮。

因此，對於有中度考試焦慮的學生而言，這些「超越備考」的策略會更加有效（如果學生對於考試有重度焦慮，教育工作者應建議家屬尋求專業協助）。想像一下，假如學生準備好在考卷上見到各種不同題型和迂迴曲折的考題，結果卻是回答「一加一等於幾？」這樣的題目，他們會有什麼表現？因為他們曾接受明確指導且經過大量練習，所以知道自己可以回答正確，這種信心絕不只是一項備考工具而已。這種信心是一項重要的批判性思考傾向，將會幫助學生應對期末考及許多其他具挑戰性的問題。

CHAPTER 16

借助家庭之力激發批判性思考潛能

本章將詳細解釋家長必須如何認知、重視和利用他們的力量來支持孩子發展批判性思考，以及必須這麼做的理由。我的外甥升上六年級前曾與我共度一週暑假，在一次談話中，我想起借助家庭之力的重要性。有一天，他想吃布朗尼，這個主意聽起來很棒，所以我們走進超市。我們在做任何事之前先制定了購物計畫：

我：我們要買什麼？

外甥：布朗尼。

我：還要買什麼？

外甥：噢，我們也該買牛奶。

我：感覺很美味，你覺得牛奶在哪裡？

外甥：可能在後面的某個地方。

我：（用盡可能最誇張的語調說）等一下！在後面？每個人都會來超市買牛奶，超市到底為什麼要把牛奶放在後面？

外甥：我不知道，柯林舅舅。

我：我知道你不知道，但你為什麼認為牛奶在超市後面？

外甥：柯林舅舅，如果你知道答案，就告訴我吧。我現在根本不想買牛奶了。

這次談話令我印象深刻，因為在我小時候，從我有記憶以來，母親就指派我擔任雜貨店採購助理。我想起我母親精打細算地剪下優惠券及尋找特價活動，用十五美分買到價值一美元的商品。我想起我母親不停思考家裡有哪些物品即將用完、當季有哪些水果，以及大量採購是否真的划算。

我的思緒甚至飄到比超市更遠的地方。當我逐漸長大，可以拿到做早餐所需的一切用具和食材之後，我就開始自己做早餐。蛋殼的味道不是很好，所以我學會如何敲開雞蛋，這樣我就不會吃到摻雜蛋殼的早餐。我在中學時期就能做出一整頓全餐了，在這段過程中，我主要學會如何在調味過重或煮過頭之後搶救食物。這些經驗讓我經常有機會面對困難而獲得收穫。

為什麼牛奶會放在超市後面？或許超市老闆希望你逛完整間超市、買一些你不需要的商品，最後忘記要買牛奶！或許冷藏區位於超市後面，而當乳製品卡車停在那裡時，出於食品安全考量，直接將牛奶搬進冰箱比將牛奶運到超市前面更容易。然而，問題不是牛奶，而是我的外甥不願意為了回答這個問題而面對困難並獲得收穫。

不過，情況不一定非要如此。絕大多數家長經常在日常家庭經營中應用二十一世紀的技能，即使他們沒有高中文憑或無法流利說英語也一樣。當學校有心支持家長在家中建立探查的文化時，這些習慣和心態都會傳遞到課堂上。

有一位非常睿智的幼兒園老師瑪麗・蒂爾尼（Mary Tierney）在一場 thinkLaw 工作坊結束時提出批評，並提醒我漏掉了一大塊拼圖：家長與家庭擁有極大能力，他們可以透過基本的家庭參與，在家發展批判性思考技能和傾向。有四項指導原則能幫助學生實現這項目標，我稱為 ECHO 策略：

- 鼓勵（Encouraging）面對困難而獲得收穫
- 對抗（Combating）「習得無助感」
- 提供（Helping）幫助但不過度幫助

- 無故唱反調（Objecting）
  本章結尾會提供實用訣竅，幫助家庭掌握這些策略。

鼓勵面對困難而獲得收穫

樹懶是世界上速度最慢的哺乳動物。然而，當家長在早晨急著帶孩子出門時，和孩子那種拖拖拉拉行動的速度相比，樹懶堪稱是一級方程式賽車手了！由於我們的生活步調十分緊湊，所以當孩子遇到他們不容易完成的事，例如綁鞋帶、穿衣服、打掃清潔，我們預設的反應自然而然就是幫助孩子。不過，為孩子培養重要的批判性思考傾向時，提供幫助也是很危險的行為。

舉例來說，我女兒喜歡在鬆餅上倒大量糖漿。有一天早晨吃早午餐時，她嘗試用左手倒糖漿，結果失敗了。她的臉上露出困惑的表情，然後嘗試用右手倒糖漿，結果還是沒有成功。我看著她，發現她在努力思考，於是開始為她加油。我說：「寶貝，妳可以做到的！」我知道她終究會發現，她需要將瓶子完全顛倒才能倒出糖漿。

不過，在我的女兒能夠品嘗這場勝利之前，她慈祥的外婆就說：「寶貝，過來，我幫妳吧。」我誇張地大喊：「不行！」這使餐廳裡的服務生和顧客都對我投來令人尷尬的目光。或許我的反應太過火了，不過，我的誇張反應是有原因的，因為我知道這一刻「它」開始出現了，那就是習得無助感的破壞力。我知道給予幫助的衝動是出於愛，但這會讓我的孩子無法得到面對困難進而獲得收穫所帶來的成就感。

如果「學會如何學習」是一種重要的批判性思考傾向，我們就需要為孩子創造自行解決問題的空間和時間。當孩子自行找出牛奶和早餐穀片的適當比例時，實現小奇蹟的內在喜悅能為他們打下持續思考和發現的基礎，並讓他們因為獨立完成任務而感到自豪。我們應該鼓勵家長給孩子機會。孩子或許會失敗，但是他們自行嘗試後失敗時，就能在培養生活所需的獨立和適應力的過程中，踏出成功的一步。

對抗習得無助感

即使家長拚盡全力，孩子依然可能養成習得無助感（learned helplessness）的習慣。什麼是習得無助感？我們絕不會認錯——如果孩子在自行嘗試某件事之前，就說「我做不到」或直接尋求協助，這一定就是習得無助感。幸運的是，家長可以使用兩種策略來對抗這項問題，那就是限制救星的登場時機及尋求具體陳述。

限制救星的登場時機

在現實生活中，家長絕對不會任由孩子溺水。不過，當孩子需要自行解決一般問題時，如果強迫他們想辦法應對，通常不會涉及攸關生死的風險。限制救星代表家長必須清楚說明，孩子眼前遇到的這個問題是不可求助的。除非孩子開始真正嘗試解決問題，否則他們就是只有自己可以倚靠。

你可以告訴學生：不懂這道數學問題嗎？盡全力去解題、展示你的努力成果，然後我才會看；不過，你必須先自己開始做。家庭作業留在學校了？你應該想出一項計畫，確保你可以在明天早上交出作業。在泳池溺水了？我會立刻跳進去救你。陷入一片混亂、忘記寫作業或搞丟筆記嗎？我不會當你的救星，你必須想辦法改善你的組織方法。怎麼拼某某單字？(可以任選一個單字）你還記得有字典可用嗎？

尋求具體陳述

當孩子進行合理的嘗試來解決問題，卻依然陷入困境時，這項策略就能派上用場。這項策略會迫使孩子解釋自己陷入困境的原因和情況，藉此讓孩子繼續掌握解決問題的權力，這通常可以讓他們提出如何自行解決問題的想法。對家長而言，尋求具體性或許聽起來像這樣：

我：請穿上你的襯衫。
兒子：我不能穿。
我：為什麼你不能穿襯衫？
兒子：因為會痛。
我：為什麼會痛？
兒子：我的頭會痛。
我：讓我看看為什麼你的頭會痛。（我的兒子穿襯衫時，把手臂伸進領口，然後開始嘗試將頭擠進袖子，結果他從那個對頭來說太小的洞下面向我大叫。）
兒子：爸爸，你看！（我幫他脫掉襯衫。）
我：為什麼你的頭會痛？
兒子：因為洞太小了。

我：哪個洞太小了？

兒子：（他知道問題出在哪裡了。）喔，我知道怎麼做了！

我知道這些狀況不會總是這麼順利，不過，尋求具體陳述的基本概念是家長需要讓孩子清楚解釋他們試圖解決的問題——愈具體愈好。如果只是說「我不懂」或「我做不到」，那麼無論是誰都做不了什麼。然而，隨著孩子愈來愈明白他們不懂的部分及他們做不到的事，他們也會同時了解他們需要理解的部分及他們需要學習怎麼做的事。培養這種清晰的思維，能幫助孩子在學校環境中奠定「學會如何學習」的堅實基礎，這種特質在孩子的批判性思考工具箱裡是一項基本要素。

提供幫助但不過度幫助

父母必須幫忙時，應該避免提供太多幫助。舉例來說，假設我在幫我的孩子寫數學作業，他可能遇到以下這道問題：

茱利安娜的抽屜裡有八雙襪子。她拿出三雙襪子，放進出門度假的行李。哪個分數可以代表茱利安娜度假時沒帶的襪子數量？

我兒子的答案是八分之三。他犯的錯誤非常明顯，他寫的分數不是使用茱利安娜沒帶的部分，而是使用代表她有帶的部分。正確答案應該是八分之五。這種錯誤發生時，家長會出於本能扮演「好老師」，向孩子詳細解釋錯誤。假如孩子在考試中答錯這道題，然後在家裡更正答案，好老師的對話聽起來會像這樣：

兒子：為什麼我的答案錯了？

我：我看看。喔，因為你寫的分數不是使用茱利安娜沒帶的部分，而是使用代表她有帶的部分。她總共有幾雙襪子？

兒子：八雙。

我：對，你這個部分是正確的。然後她拿了幾雙襪子？

兒子：三雙。

我：那問題是問什麼？

兒子：她沒拿的襪子有幾雙？喔，答案應該是八分之五。

我：對！做得好！

從表面上來看，這種對話似乎完全無害且十分正常。不過，請考慮以下這種替代方式：

兒子：為什麼我的答案錯了？

我：為什麼你覺得自己的答案錯了？

兒子：我不知道，所以我才問你啊。

我：再讀一遍問題，要仔細讀。再看一遍你的答案，然後解釋為什麼你覺得你的答案錯了。

你有發現差別嗎？在第二段對話中，我立即要求我的兒子承擔學習的重任，而不是由我為他承擔。當他拒絕承擔時，我給了他一般指示，再次強迫他承擔解決這道問題的責任。由於他很了解分數的概念，而且可能只是沒有仔細閱讀問題，因而沒看到那個「沒」，所以他或許會在那一瞬間擁有獨屬於他的頓悟時刻。

有些孩子如果缺乏更具體的指引就會在原地踏步，所以使用這種「要求他們解釋自己的想法」的策略可能有所幫助。因此，以下是應用這套做法的另一種選擇：

兒子：為什麼我的答案錯了？

我：跟我解釋你是怎麼得出答案的。

兒子：我讀到她總共有八雙襪子，然後拿出三雙去度假，所以我覺得分數是八分之三。

我：再讀一遍問題，要仔細讀。再看一遍你的答案，然後解釋為什麼你覺得你的答案錯了。

兒子：喔……她沒拿的襪子有幾雙？我明白了。

提供幫助但不過度幫助的概念，也適用於我的岳母為我女兒倒糖漿的例子。如果她想幫忙我女兒，但不提供太多幫助，那她可以詢問：「妳覺得糖漿為什麼倒不出來？」或許我女兒會說糖漿太濃稠了，或許她會嘗試把糖漿壺嘴全部拆掉，以便倒出一大堆糖漿。無論如何，解決方法會是她自己想出來的。

因此，家長想要或需要提供幫助時，應該提供盡可能最少的必要幫助，以確保解決方法依然是孩子想出來的。一般指示在這種情況下通常非常有效。舉例來說，如果孩子的問題是「______該怎麼拼？」，家長可以告訴孩子：「念出來，看看應該怎麼拼。」如果孩子依然需要承擔學習重任，成人提供的幫助就很有可能不是過度幫助。

提供幫助但不過度幫助的做法，是將孩子獨立行動的機會最大化的實用方法。如果孩子能獨立做某件事，家長就應該讓他們自己做。如果孩子在接受指導的情況下才能做到某件事，家長可以轉而讓孩子的兄弟姊妹或朋友提供幫助。即使因為孩子無技可施，而導致家長必須自行完成某件事，但至少讓孩子從旁觀看也能產生一定程度的學習投入。生活可能永遠無法這麼清楚分類，但如果家長刻意引導，就更有可能培養孩子的獨立性。

無故唱反調

喊出「異議！」可能是我想成為律師的原因。我非常喜歡看法庭劇和電影中提出異議的戲劇性橋段，沒有什麼比這種情節更令人興奮了。在現實中的法庭上，提出異議的情況比較少出現，也比較沒那麼戲劇性。不過，無故唱反調是一項在家培養批判性思考傾向的有力工具。

我所說的無故唱反調，是指不同意孩子意見的做法，其目的純粹是幫助孩子提出主張和證據來支持自己的意見。在本書介紹的策略中，這是比較讓人討厭的選項之一，卻依然是一種可行的策略。這種策略可能如下所示：

孩子：四加三等於七。

家長：錯了，四加三等於四十三。

孩子：哪有，才不是這樣。

家長：就是這樣，因為把四加上三就會得到四十三。

孩子：不是，加法不是這樣！你應該從四開始，往上數三個數字：五、六、七，最後會到七，所以答案是七。

家長：喔，對對對……謝謝你提醒我。

這種策略甚至不一定發生在學業環境下。最近我與女兒看完《獅子王》以後，發生以下對話：

我：那部電影裡的反派是誰？

女兒：刀疤是反派，他真的好壞！

我：不對，大錯特錯。木法沙才壞，而且辛巴是最壞的！

女兒：哪有？刀疤殺了木法沙，他跟鬣狗把榮耀石搞得亂七八糟。

我：木法沙根本一直在欺負鬣狗，而且在電影劇情發生之前，他在一場打鬥中讓刀疤留下一道疤。他把刀疤推到榮耀石邊緣。還有辛巴——我連他都不想講了。

為了確保你不會開始鄙視我，我要澄清一下，我確實覺得刀疤非常非常壞。但我也認為，反對這類想法，是一種促使孩子看穿表面思考的極佳方式。在唱反調模式下，我們的目標是不管如何都要故意反對。藉由這種做法，家長能確保孩子發展出較適宜的懷疑態度、分析不同觀點的能力，並在學習如何證明自身立場時反覆練習敏捷思考。

傳達給家長和家庭

如果世界上所有的親職教養策略從未真正傳達給家長，那麼這些策略根本毫無意義。對於教育工作者和學校領袖而言，如果為家長規劃一場精采活動，出席率卻很低，實在令人沮喪。我曾親身經歷過這種挫折感，也曾與成功設法讓外展服務發揮效果的學校和學區密切合作，現在我想提出一些訣竅，幫助老師為家長提供這些實用策略的取得途徑，然後家長就能培養孩子的批判性思考技能和傾向。

首先，請改變學校對家長積極參與的期望。長久以來，家長參與一直僅限於擔任學校園遊會的志工、販賣爆米花來幫忙募款、為謝師週規劃精采活動。不過，如果我們的教育終極目標是幫助所有學生完全激發潛能，那麼上述工作到底是不是利用家長志工時間的最佳方式呢？如果我們要求家長和家庭在學業方面扮演更重要的角色，情況會變得如何呢？

我知道「提供幫助但不過度幫助」及「鼓勵面對困難而獲得收穫」這樣的工作坊主題可能不會吸引家長蜂擁而來，但請思考一下，如果你舉辦的家長返校之夜不再過於重視年度趣味活動日程表，而是更著重於家長可以怎麼做，以便讓今年成為孩子一生中最棒的學年，這會傳達什麼樣的訊息呢？請想像一下，假如在學校的高乘載車道上，家長收到的不是下一次熊貓快餐（Panda Express）募款餐會的傳單，而是一項實用策略，用於當週在家練習批判性思考，這又會傳達什麼樣的訊息呢？

許多老師可能認為，學生的家庭是學生在學業上獲得成功的寶貴資產。然而，如果大家鮮少傳達這則訊息，學生的家庭怎麼可能知道呢？

學校不僅應該改變對於家長如何支持學業的期望，也應該重新思考家長工作坊的形式，不要把它當作傳達這些資訊的唯一途徑。我們最希望參與這些活動的家長，往往最不可能參加工作坊。這可能是因為他們需要去上班或盡家庭義務，或者工作坊的時間不方便參加，或是因為一項令人悲傷的現實：對於某些家庭而言，去孩子的學校可能感覺像是重返犯罪現場。如果家長本人在求學期間曾有極度負面的經歷，他們會對參與學校活動感到猶豫不決，這是很合理的。

然而，不太可能參加工作坊或閱讀學校新聞函件的家庭，通常仍會對孩子的老師做出回應並與其聯絡，在小學尤其如此。如果老師要將「鼓勵面對困難而獲得收穫」做為當月主題，並透過簡訊、電話或當面會談直接與家庭聯絡，每週分享一種策略，那麼這些課程就更有可能傳達給家庭。這類策略也能透過學校的社群媒體帳號分享，讓家長在瀏覽社群媒體動態時看到它們。

家庭訪問有時真的代表到家庭所在的地方與他們見面。在熱門社區開設商店，讓學生可以在那裡參加「不給糖就搗蛋」的活動，以便發放糖果和分享簡短建議（例如當孩子向家長詢問一個他們可能可以自行解答的問題時，該怎麼辦）。我曾任職的一所學校會為所有家庭進行強制性家庭訪問。我知道要求所有學校執行這種做法並不實際，甚至也不可能；然而，儘管在我的學校所在的社區，附近其他學校的家長活動參與度都很低，根據學校行政主管經常提供的解釋，原因是「這些家長根本不在乎」，但我的學校在每次家長活動時都擁擠到只有站著的空間。你可以告訴學生的家庭學校歡迎他們參加，你也可以用行動向他們表示，而後者的做法顯然更有效。

最後，如果你想舉辦傳統工作坊，請思考家長不參加的原因。當我在華盛頓特區當老師時，曾經提出舉行數學家庭之夜的想法，卻在數學科教師會議上遭到嘲笑。當時我到職第一年，所以不懂他們為什麼笑我。

我問：「為什麼家長不會來？」

數學科的同事告訴我：「家長晚上必須做飯。」

我問：「我們不能提供一些食物嗎？」

他們說：「家長需要照顧其他孩子。」

我問：「他們不能帶其他孩子一起來嗎？」

同事說：「這些家長中有半數根本不會說英語。」

我問：「我們學校不是有請翻譯嗎？」

同事說：「他們不會來的。」

我問：「如果我們打電話給每一位家長，請他們來參加，而不是直接假設他們不會出現，那會怎樣呢？」

在我們數學科首次舉辦的數學家庭之夜當晚，我非常緊張。我們在圖書館布置的場地很小，我也不知道活動是否會順利。但不知不覺間，房間已經擠滿了人——事實上，因為房間裡人太多，所以我們必須從其他教室搬椅子過來。結果證明，有心歡迎家長參加以及為他們創造與孩子一起學習的空間，兩者的結合對家庭有獨特吸引力。

這些傳達訊息給家長的訣竅並不通用於所有情況。因此，你應該要了解學生的家庭、他們偏好的資訊接收方式、他們真正想要獲得的資訊，這都會有所幫助。不論你使用哪種策略，請記得相信家長的力量，因為他們是孩子在學業上獲得成功的寶貴資產，也請務必讓家長和家庭知道，你真心相信他們的力量。

結語

擁有批判性思考的學生不會過時

我在出版本書之前兩年，曾在一年內參加美國各地超過三十五場教育研討會。這些研討會最常見的主題之一是「工作未來式」。這項主題認為，二十一世紀的勞動力正在以前所未見的速度轉變。因此，如果我們想要避免大規模失業和經濟危機，就迫切需要採取行動，幫助學生準備好面對高度靈活且極度仰賴科技的未來。有一位悲觀的著名主題演講者這麼說：「如果你可以為自己的工作寫一套演算法，那你的工作就會自動化。」

我畢業於電腦科學系，接著成為數學老師，又成為律師，最後成為宣揚所有學生都能學會批判性思考的倡議人士，我的擔憂沒那麼悲觀，但同樣迫切。我沒那麼悲觀，是因為只要有一種工作因為科技而遭到淘汰，就會創造出新的工作。但我的擔憂同樣迫切，因為儘管美國各地的教育界領袖出於善意，想要幫助學生準備好面對工作未來式，卻正在鑄下大錯：他們沒有優先考量批判性思考，將其做為培養可適應未來的學生時所採用的關鍵機制。

有太多教育工作者相信，如果我們直接教導每個學生如何寫程式碼，或是如果我們直接讓每個學生參加職業與技術教育課程，那麼所有學生就會以某種方式準備好面對二十一世紀的工作。這種想法完全不正確。過去數年來，我在電腦科學系的同學很多都遭到解雇，這是因為如果缺乏有效的人際技能，那麼只知道如何寫程式碼並不是很有幫助。科技公司真正需要的人才，是可以與科技高手以及使用科技的買家溝通的人。雖然某些技術證照能讓十九歲的人每年賺進七萬美元以上，但科技變革的速度比以往更快。為什麼要訓練學生從事某種目前或許是高薪，卻會在幾年後過時的工作呢？

因此，我們關注的重點不能是為了寫程式碼而寫程式碼，或是為了獲得特定領域的工作而參加職業與技術教育課程。重點必須涵蓋更廣的範圍，並包含有些人所謂的「軟技能」，例如EQ、判斷力，當然還有批判性思考。這代表如果我們教導學生寫程式碼，課程不能只有學習如何在Python上編寫應用程式，而是必須著重於學習如何傾聽使用者的需求、如何與團隊合作來跨越差異進行溝通，以及如何根據意見回饋反覆改善。如果我們要訓練學生通過某個技術領域的認證，重點必須是培養一系列可跨域轉換的批判性思考技能、習慣和心態，讓學生可以在任何狀況下解決問題和發現問題。這些軟技能（或許也是最難教的技能）能夠帶來改變，是我們與機器人的差異所在，也是我們真正需要的關鍵，可以讓學生成為未來勞動力不可或缺的領袖。

因此，我們不需要害怕機器人，但我們需要害怕執著於教導「什麼」和「如何」的老師，因為他們不敢做出二十一世紀的必要變革，改為教導「為什麼」和「如果」。我們需要害怕攻讀文理學位的學生數量銳減，即使人文學科教導學生無法被機器取代的創意技能、情境認知技能和認知技能，也無法阻止這股趨勢。最重要的是，我們需要害怕傳統的教育體制，這種體制會繼續將上述為未來做準備的必要技能只提供給最菁英學校的最菁英學生，原因是我們仍然將批判性思考視為奢侈品。

正如作家兼時事評論家法里德．扎卡利亞（Fareed Zakaria）強力警告我們對STEM的癡迷時所指出的一樣，「到頭來，批判性思考是唯一能保障美國人工作的方法」。[1]如果批判性思考是我們的唯一希望，那麼想要成功建立未來的勞動力，就需要讓學生擁有平等的機會學習有意義的批判性思考，這對於所有年級和所有學科領域的學生都是一項重要的優先考量。感謝你參加這場至關重要的批判性思考革命。

第10章｜和解與談判

[1] Green, A. (2017). *Owners must surgically 'debark' loud dogs, court rules.* The Oregonian. https://www.oregonlive.com/pacific-northwest-news/2017/08/owners_must_surgically_debark.html

第11章｜競賽

[1] National Collegiate Athletic Association. (2018). *NCAA recruiting facts.* https://www.ncaa.org/sites/defaul/files/Recruiting%20Fact%20Sheet%20WEB.pdf

[2] Wolverton, B. (2010). *NCAA agrees to $10.8-billion deal to broadcast its men's basketball tournament.* The Chronicle of Higher Education. https://www.chronicle.com/article/NCAA-Signs-108-Billion-Deal/65219

[3] Isadore, C. (2016). *College coaches make more than players get in scholarships.* CNN Business. https://money.cnn.com/2016/01/11/news/companies/college-coaches-pay-players-scholarships

[4] Suntex International Inc. (2019). *How to play.* https://www.24game.com/t-about-howtoplay.aspx

[4] King, M. I.,JFE (1965). *Address at the conclusion of the Selma to Montgomery march.* The Martin Luther King, Jr. Research and Education Institute. https://kinginstitute.stanford.edu/king-papers/documents/address-conclusion-selma-montgomery-march

[5] Tyson, N. D. [NeilTyson]. (2019, August 5). *In the past 48hrs, the USA horrifically lost 34 people to mass shootings. On average, across any 48hrs, we also.* Twitter. https://twitter.com/neiltyson/status/1158074774297468928

第3章｜批判性思考的教學落差

[1] Ritchotte, J. A., & Graefe, A. K. (2017). An alternate path: The experience of high-potential individuals who left school. *Gifted Child Quarterly, 61*(4), 275-289. https://doi.org/10.1177%2F0016986217722615

[2] Plucker, J. A.,, Hardesty, J., & Burroughs, N. (2013). *Talent on the sidelines: Excellence gaps and America's persistent talent underclass.* Center for Education Policy Analysis, University of Connecticut.

[3] Wyner, J. S., Bridgeland, J. M., Dilulio, J. J., Jr. (2007). *Achievement trap: How America is failing millions of high-achieving students from lower-income families.* Jack Kent Cooke Foundation. https://www.jkcf.org/wp-content/uploads/2018/06/Achievement_Trap.pdf

[4] Bridgeland, J. M., Dilulio, J. J, Jr, & Morison, K. B. (2006). *The silent epidemic: Perspectives of high school dropouts.* Civic Enterprises.

[5] TNTP. (2018). *The opportunity myth: What students can show us about how school is letting them down-and how to fix it.* https://tntp.org/assets/documents/INTP_The-Opportunity-Myth_Web.pdf

第4章｜批判性思考革命

[1] Bloom, B. (Ed.). (1956). *Taxonomy of educational objectives: The classification of educational goals. Handbook I: Cognitive domain.* Longmans Green.

第8章｜錯誤分析

[1] Lubitz v. Wells, 19 Conn. Supp. 322 (Conn. 1955). https://www.casebriefs.com/blog/law/torts/torts-keyed-to-prosser/negligence/lubitz-v-wells

引用資料

前言

[1] Olszewski-Kubilius, P, & Clarenbach, J. (2012). *Unlocking talent: Supporting high achievement of low-income, high-ability students.* National Association for Gifted Children. https://www.jkcf.org/wp-content/uploads/2018/06/Unlocking_Emergent_Talent.pdf

[2] Plucker, J. A.,, Hardesty, J., & Burroughs, N. (2013). *Talent on the sidelines: Excellence gaps and America's persistent talent underclass.* Center for Education Policy Analysis, University of Connecticut.

[3] Jimenez, L., Sargrad, S., Morales, J., & Thompson, M. (2016). *Remedial education. Center for American Progress.* https://www.americanprogress.org/issues/education-K-12/reports/2016/09/28/144000/remedial-education

第1章｜一個學業能力不佳者重獲成就的自白

[1] Slobodkina, E. (1968). *Caps for sale: A tale of a peddler, some monkeys, and their monkey business.* HarperCollins.《賣帽子》艾絲菲・斯勞柏肯納／著，鄭榮珍／譯，上誼文化出版（1993）。

第2章｜為批判性思考下定義

[1] Subramanian, C. (2016). *Alvin Toffler: What he got right-and wrong.* BBC News. https://www.bbc.com/news/world-us-canada-36675260

[2] King, M. L., L. (1947). The purpose of education. *The Maroon Tiger, 10*, 123-124.911

[3] Ibid.

像律師一樣思考

打破學生學不到、老師不會教、學了不知怎麼用的困境，釋放所有人的批判性思考潛能

THINKING like a LAWYER

A Framework for Teaching Critical Thinking to All Students

作　　者　柯林．希爾（Colin Seale）
譯　　者　涂瑋瑛
封面設計　陳宛昀
內頁排版　黃暐鵬
責任編輯　楊琇茹
行銷企畫　陳詩韻
總 編 輯　賴淑玲

出 版 者　大家出版／遠足文化事業股份有限公司
發　　行　遠足文化事業股份有限公司（讀書共和國出版集團）
　　　　　231新北市新店區民權路108-2號9樓
電　　話　(02) 2218-1417
傳　　真　(02) 8667-1851
劃撥帳號　19504465　戶名　遠足文化事業股份有限公司
法律顧問　華洋法律事務所　蘇文生律師
I S B N　978-626-7283-70-7
　　　　　9786267283684 (PDF)
　　　　　9786267283691 (EPUB)
定　　價　新台幣380元
初版一刷　2024年03月
初版二刷　2024年07月

像律師一樣思考：打破學生學不到、老師不會教、
學了不知怎麼用的困境，釋放所有人的批判性思考潛能／
柯林・希爾（Colin Seale）著；涂瑋瑛譯.
—初版.—新北市：大家出版，
遠足文化事業股份有限公司，2024.03
面； 公分.—（Education；13）
譯自：Thinking like a lawyer : a framework for teaching
critical thinking to all students.
ISBN 978-626-7283-70-7（平裝）
1.CST: 思考 2.CST: 批判思考教學 3.CST: 思維方法
176.4 113002356